Katja Mutschelknaus

MEIN *wunderbarer* GARTENSALON

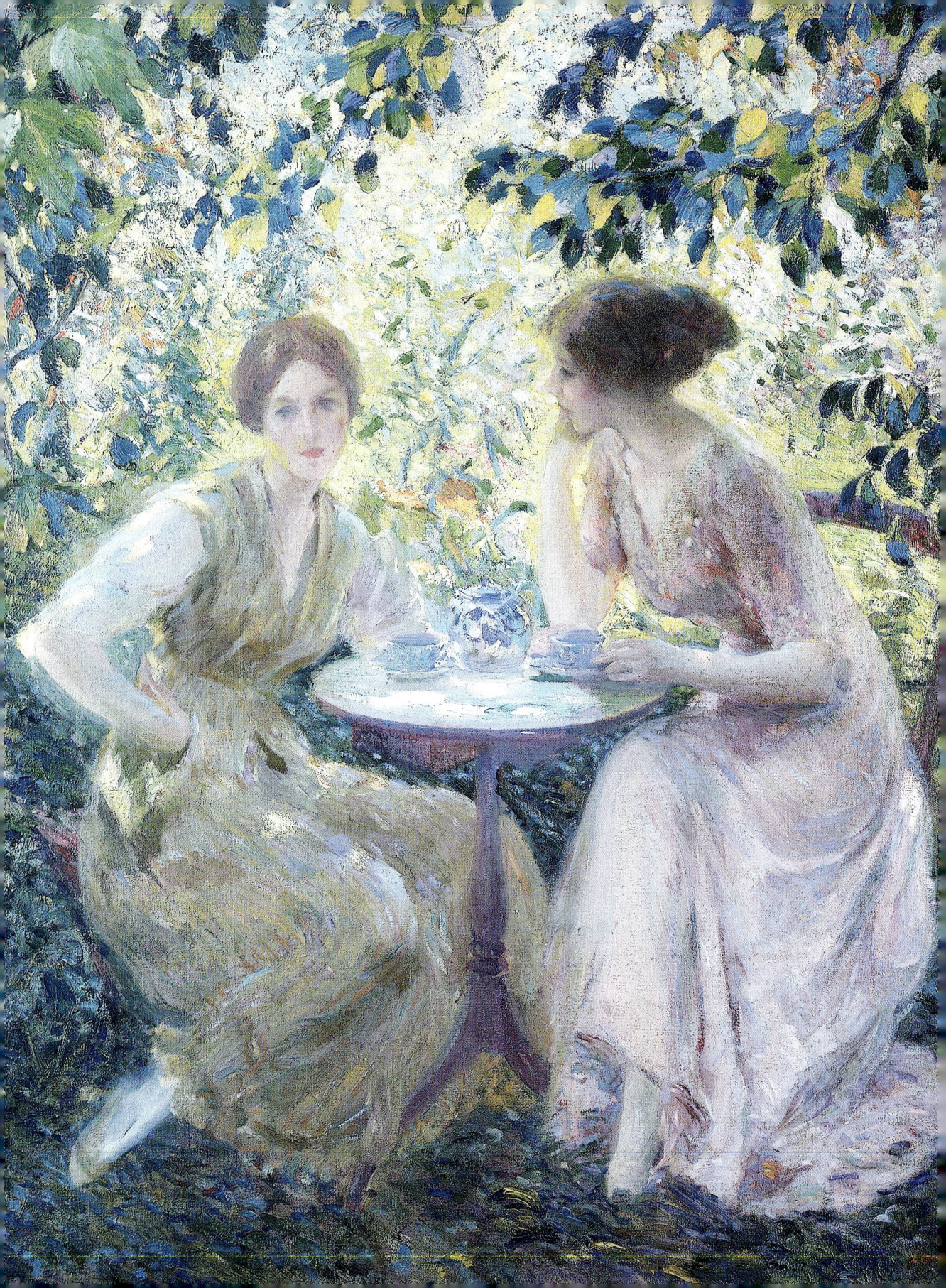

Katja
Mutschelknaus

MEIN *wunderbarer* GARTENSALON

Wie Frauen in ihrem Garten
das Leben genießen

Meiner Großmutter *in memoriam*.
Und für Ilka.

INHALT

ENTREE

Immer mit Aussicht 8
Warum Frauen ihren Garten so gern zum Zimmer machen

IM GARTENSALON

Die Gartenfreundin bittet zu Tisch

Ladies' Lunch 15
Freundinnen unter sich

Sinn und Sinnlichkeit 28
Tea Time mit Rosen

Ernten und Naschen 48
Picknick im Garten

Goldene Zitronen 68
Ein Barockfest im Spätsommer

Die Gartenfreundin tut etwas für sich

Splish! Splash! 85
Ein Freibadtag mit Schirm, Charme & Bowle

Der Garten als Spa 96
Schönheitsrezepte für den Wellness-Tag

Sommer, einen Winter lang 110
Kräuter und Beeren haltbar machen

Die Gartenfreundin ist verliebt

Eine von tausend Nächten *133*
Ein orientalischer Flirt

Liebesdüfte *152*
Potpourris aus dem Garten

Mondscheinnächte *172*
Prickelnde Stunden im Schutz der Dunkelheit

Die Gartenfreundin lässt sich beflügeln

Hui! *186*
Auch große Mädchen schaukeln gern

Geisterstunde *194*
Magische Feste und zauberische Bräuche

Flatterhaft *211*
So lockt man Vögel und Schmetterlinge in den Garten

AU REVOIR!

Rezeptverzeichnis *228*
Bezugsquellen *231*
Auswahlbibliographie *236*
Dank *238*

ENTREE

Immer mit Aussicht

Warum Frauen ihren Garten so gern zum Zimmer machen

»Wenn Miss Honeychurch sich jemals dazu durchringt,
so zu leben, wie sie spielt, dürfte das sehr aufregend werden –
sowohl für uns als auch für sie selber.«

EDWARD MORGAN FORSTER
Zimmer mit Aussicht

Hier also fing alles an. In dieser Villa, deren Wände nicht gerade sind, sondern rund. Ein Raum ist ein Oktogon; es ist der Empfangsraum im ersten Stock. Die Türen stehen offen, der Blick fällt in das Zimmer nebenan, fast soghaft zieht mich das Burgunderrot der samtbespannten Wände in Bann – ich trete in den *Red Velvet Room* von Chiswick House in London ein. Obwohl der Raum klein ist und zierlich, wirkt er ungewöhnlich licht und weit und groß. Die Sonne flutet durch das hohe, von vergoldeten Säulen umrahmte Fenster. Es wirkt wie ein Portal. Es verbindet das Zimmer mit dem Garten. Draußen und Drinnen verschmelzen.

Mein Blick tritt über die Schwelle. Schau mal! Der Cockerspaniel dort drüben! Wie der über den Rasen fliegt, die seidigen Ohren flattern im Wind, in kraftvollen Sätzen hechtet er die Böschung hinab, direkt auf den Bach zu, dem Frisbee hinterher. Gleich wird er die Picknickgesellschaft sprengen! Abrupt macht er gerade noch die Biege, platscht ins Wasser, schnappt sich das Frisbee, schüttelt sein pitschnasses Fell, die Tropfen spritzen nur so auf die Picknickdecke. Die Leute lachen. Hinter dem Bach erstreckt sich ein Wäldchen, da ist das Cricket Feld, der Ball fliegt, das Spiel ist in vollem Gang. Gegenüber vom Fenster öffnet sich ein Halbrund aus Hecken und Säulen; römische Statuen stehen dort tief in Gedanken versunken; es heißt, einige von ihnen seien antike Originale aus der Villa des Hadrian bei Tivoli.

Die Herren Statuen werden von einer Buchshecke flankiert, dahinter erstreckt sich eine Allee, sie führt in einen geheimnisvollen Teil des Gartens hinein, einen wildwuchernden Wald mit verschlungenen, von Wurzeln marmorierten Pfaden, in deren Dunkel man sich verläuft. Das Blättergestrüpp bildet ein Labyrinth, es wird still, das Grün schluckt die Geräusche – fast könnte ich die Zeit vergessen und den Ort, ein mulmiges Gefühl beschleicht mich: Wo bin ich hier? Liegt dieser verwunschene Wald tatsächlich in England? Als ich das Dickicht überwunden habe, bin ich erleichtert – und muss lachen. Was für eine großartige Geisterbahntour dieser Spaziergang doch war, ein herrliches Vergnügen!

Um die Ecke gedacht

Chiswick House und Garten sind wie großzügige Freunde, die selbst den größten Spaß daran haben, wenn sich ihre Gäste gut amüsieren. Hier dürfen wir uns frei fühlen und tun, wonach uns ist: Picknicken oder in die Sonne blinzeln, über die Stränge schlagen, Unsinn machen, Unbekanntes entdecken, uns überraschen lassen. Der Garten ist wie ein künstlerischer Salon, in dem sich Menschen verschiedenster Interessen treffen, um ihren Talenten Raum zu geben, zu spielen, einander zu inspirieren, ungewöhnliche Gedanken zu spinnen. Ein geistiger Abenteuerspielplatz. Ein Wunschraum, der Grenzen zwar nicht auflöst, aber doch so verdeckt, dass man sie eine Weile vergisst. Ein von Hecken umfriedeter Ort, in dem Menschen sich ausprobieren – und ihre spielerische Seite entfalten können.

Chiswick House und Garten wurden in den 1720er Jahren verwirklicht. Richard Boyle, dritter Earl of Burlington (1694–1753), erfüllte sich damit einen Traum. Burlington war ein politisch einflussreicher Mann, humanistisch gebildet, er hatte einige Zeit in Italien zugebracht, war mit der Gedankenwelt der Renaissance vertraut. Philosophen wie Shaftesbury, Poeten wie Alexander Pope, bildende Künstler wie William Kent waren seine engen Freunde. Lord Burlington und sein intellektueller Kreis wurden zur Keimzelle der englischen Aufklärung. Sie wollten den Begriff der Freiheit mit neuer Kraft erfüllen – und ihrer Utopie von einem weltoffenen Leben und Denken den gebührenden Platz schaffen. Um die Ecke denken, Unkonventionelles probieren, das Unmögliche möglich machen. Warum sollte ein Zimmer nur vier Ecken haben? Warum dürfen Wände nicht auch mal rund sein?

Der Garten spricht

Chiswick House und Garten sind der Geburtsort der englischen Landschaftsgarten-Bewegung. Alles an ihnen ist Symbol. Lord Burlington war Freimaurer. Er besaß das Talent, die Belesenheit und auch die Mittel und Verbindungen, um sein Leben als Gesamtkunstwerk zu gestalten. Liberales Denken und Handeln bildeten für ihn eine Einheit. Er wollte seiner Vorstellung von einem freiheitlichen Lebensentwurf Gestalt geben, einem ästhetischen Raum, in dem sich spielerisches Denken und geistreiches Spiel entfalten. Chiswick wurde das Sinnbild dafür – ein Hort aufgeklärter Lebensfreude. Keiner verstand das besser als der Freigeist, Maler, Architekt und Gartengestalter William Kent (1685–1748). Mit ihm schuf Burlington Chiswick House und Garten.

Seither sprechen englische Landschaftsgärten eine Sprache, die man entziffern, aber auch erspüren kann. Wer sich für Philosophie und Geistesgeschichte begeistert, wird viel Spaß daran haben, die antiken und freimaurerischen Anspielungen darin zu entschlüsseln. Wer hingegen einfach nur genießen möchte, wird unbewusst wahrnehmen, warum ein englischer Garten immer auch ein Zimmer zum Sein ist. »*But the Glory of the Garden lies in more than meets the eye*« schrieb Rudyard Kipling (von dem auch das Dschungelbuch stammt) in seinem Gedicht *The Glory of the Garden*: Der Zauber des Gartens ist nicht nur mit dem Auge zu erfassen. Das Gedicht gilt als Englands heimliche Hymne.

Das blaue Wunder

Man spürt diesen Zauber sofort. Es tut dabei nichts zur Sache, ob man sich in einem originalgetreu gestalteten englischen Garten befindet oder in jedwedem anderen. Es muss nur ein großherziger Garten sein, einer, der lächelt. Ein Garten, der den Dingen Raum zur Entfaltung lässt. Mit Nischen, um sich zurückzuziehen, mit einer Bühne, auf der die Vögel ihre Serenaden aufführen können, einem Tisch für Gartenfeste, Blumenbeeten, auf denen sich die Schmetterlinge tummeln, und Blüten, in denen die Bienen Nektar saugen, mit einer Schaukel womöglich und vielleicht einem Stück Wiese zum Sonnen, einem schattigen Plätzchen für den Liegestuhl, romantischen Flächen, auf denen sich die Wildkräuter breitmachen, und – warum nicht? – auch solchen, wo sich die Buchshecken in Haltung üben und es gern haben, wenn man ihnen den Friseur vorbeischickt.

Mal beschaulich, mal ausgelassen. Muße und Spiel haben hier ihren Platz. Im Englischen nennt man das *Pleasureground* – das ist die Wiese, auf der man tollt, liest, Tennis spielt, Musik hört oder einfach nur faul daliegt. Habe ich erwähnt, dass ich im Garten von Chiswick eine Frau dabei beobachtete, wie sie ein Rad schlug? Und dann noch eins?

»Glauben Sie etwa, es besteht ein Unterschied zwischen dem Frühling in der Natur und dem Frühling im Menschen?« fragt Hochwürden Mr. Eager im Roman *Zimmer mit Aussicht* die kleine Ausflugsgesellschaft, die soeben in einer der Kutsche durch die toskanischen Hügel rollt. Gleich werden sie alle aussteigen, Miss Lucy Honeychurch, Miss Charlotte Bartlett, Mr. George Emerson und all die anderen englischen Herrschaften, sie werden am Rande wogender Felder ihren Tee einnehmen. Es wird sehr heiß heute, die Sonne steht schon ganz hoch. Und dann wird Miss Honeychurch inmitten eines Veilchenfelds mit dem jungen Freigeist George ihr blaues Wunder erleben.

»Da schäumt der Champagner über die Hände schöner Damen,
die Pfropfen knallen, man sitzt im Gras,
man isst, man plaudert, neckt sich, lacht mit jeder Freiheit:
denn zum Salon hat man die Welt, zum Kronleuchter die Sonne.«

JEAN ANTHÈLME BRILLAT-SAVARIN
Physiologie des Geschmacks

IM GARTENSALON

Ladies' Lunch
Freundinnen unter sich

»Sie nannten es Zauber, und tatsächlich schien es so zu sein
in den nun folgenden strahlenden Monaten.
Was sich da nicht alles in dem Garten ereignete!«

FRANCES HODGSON BURNETT
Der geheime Garten

Was hier erzählt wird, ist ein kleines Wunder. Da liegt ein Garten, gefangen in einem düsteren Traum, verlassen, verblasst, vergessen. Lange liegt er so da, zehn stumme, nebeldunkle Jahre. Dann kommt das Mädchen Mary und findet den Schlüssel zu seinem verborgenen, efeuumwachsenen Tor. Auch sie ist gefangen in einem traurigen Traum, alleine, verloren. Der Garten und das Mädchen – da sind zwei Seelen, die sich finden. Das Mädchen empfängt den Garten wie einen fremden, und doch seltsam vertrauten Freund. Sie lässt sich von ihm an die Hand nehmen, fängt an zu graben und zu säen.

Bald blühen Maiglöckchen und Iris, die Rosenknospen schälen sich aus ihren verholzenden Rinden und ummänteln die Dornen mit samtweichen Blüten. Erst blühen die Blumen, dann wächst Vertrauen, schließlich erblüht eine Freundschaft: zwischen dem Mädchen und zwei Buben, die sie in das Geheimnis ihres Gartens einweiht. Eine Freundschaft, die befreit. Eine Freundschaft zwischen Kindern und den Tieren und Pflanzen im Garten. Letztlich: eine Freundschaft der Menschen – mit dem Leben.

Der Garten als Hort der Freundschaft – das Zauberhafte an dieser Beziehung ist selten so feinsinnig und humorvoll geschildert worden wie in Frances Hodgson Burnetts Roman *Der geheime Garten*. Burnett konnte über das Großeganze mit einem feinen, leichten Lächeln schreiben; sie war Engländerin. Engländer sind nicht ohne Grund auf eine missmarplehaft beherzte Weise davon überzeugt, dass es nur ein englischer Garten sein kann, in dem Menschen das Glück widerfährt, wahre Freundschaft zu finden. Burnett kam 1849 in Manchester zur Welt – da war die englische Gartenkultur bereits über das Inselreich hinaus zum Inbegriff eines sehr britischen Lebensgefühls geworden, zum Sinnbild einer idealtypischen Lebenshaltung, die sich als liberal und großzügig verstand, und als so bodenständig wie visionär.

Zwischen Heckenrosen erblüht das Ideal

Unbestimmt ahnen wir heute noch, was es mit dieser eigentümlich faszinierenden Lebensart auf sich hat. Wir wissen zwar kaum etwas über ihren Ursprung, aber wir fühlen ihr Geheimnis auf eine schwebende, nicht näher fassbare Weise. Wir lassen uns von ihrer Anziehungskraft bezaubern: beim Anblick teppichweichen Rasengrüns, blumig eingedeckter Tische im Freien, Teegeschirr, das silbern in der Sonne glitzert, weißen Stoffservietten, die neben der Etagère mit den Scones platziert worden sind. Vor allem sehnen wir uns nach dem kultivierten Flair dieses Lebensstils. Wir sehen uns Rosamunde Pilcher-Filme an, behaupteterweise: wegen der Landschaft! Wir machen uns auf die Suche nach diesem Flair in Country-Zeitschriften oder auf Gartenfestivals im edlen Ambiente sommerlich herausgeputzter Schlossparks. Dort setzen wir uns dann einen Strohhut auf und haben mit einem Male das Gefühl, etwas von dieser Lebensart nun auch in uns selbst zu tragen.

Umso mehr, wenn wir Gastgeberin in unserem eigenen Garten sind! Als Gastgeberin im Grünen fühlen wir uns angenehm beflügelt – freimütiger, großzügiger, heiterer, irgendwie. Ob der Garten uns wohl auf subtile Weise, heimlich, still und leise, dabei unterstützt, ein Ideal von uns selbst zu verwirklichen?

Nicht grundlos erblüht dieses Ideal einer dem Schönen zugewandten Lebenshaltung bevorzugt inmitten von Heckenrosen.

Es ist ein sehr englisches Ideal, begründet von englischen Philosophen; der Garten hat darin eine große Aufgabe zu erfüllen: Er dient als Bedeutungsträger, als Spiegel, darin sich der Mensch selbst erkennen kann. Wenn sich ein Mensch nicht gar zu tolpatschig anstellt und als unempfänglich erweist für die Schönheiten der Natur, kann er – davon geht diese philosophische Anschauung aus – durch das Naturerlebnis an persönlicher Reife gewinnen, und durch die Art und Weise, mit und in einem Garten zu leben, gewisse Tugenden ausbilden und sich einen gepflegten Schliff verpassen.

Das klingt hochtrabend, ist aber nicht aus der Luft gegriffen: Diese philosophische Vision wurde im ausgehenden siebzehnten und frühen achtzehnten Jahrhundert von englischen Philanthropen und gesellschaftspolitisch engagierten Vordenkern entwickelt und ist seither unumstößlich mit einer als englisch empfundenen Ästhetik verbunden. Sie geht maßgeblich auf den Politiker und Naturphilosophen Anthony Earl of Shaftesbury (1671–1713) zurück. Shaftesbury zählt zu den prägenden Figuren der englischen Frühaufklärung. In seinen Schriften entwarf er ein Weltbild der Freiheit, in dessen Zentrum der Garten als Symbol der guten Lebensführung steht.

Für Shaftesbury ist der vom Diktat der Heckenschere befreite englische Landschaftsgarten der Inbegriff göttlicher Harmonie. Die Kräfte der Natur würden hier nicht unterdrückt, meinte er, sondern in freiere, lichtere Bahnen gelenkt: angenehm fürs Auge, mit sanft geschwungener, zum Horizont hin offener Silhouette, die jedem, der sich darin bewegt, neue Sichtweisen eröffnet. Jede Kurve auf den geschlängelten Pfaden, jede Baumgruppe dient als Versprechen: auf eine neue Perspektive, einen weiten Blick auf die Dinge, die sich dahinter auftun.

Wo die Freundschaft wächst

In Shaftesburys Denken ist der Garten ein Ort, in dem ein göttlicher Genius loci wirkt. In seinem Essay *Freundschaft und Menschenliebe* fasste er diese Weltanschauung zusammen: Der idealtypische englische Garten biete dem Menschen die Möglichkeit, im Miteinander mit der Natur eine Balance seiner Temperamente einzuüben und einen angenehmen Charakter auszubilden. Shaftesbury war davon überzeugt, dass ein Garten, in dem die Natur nicht gewaltsam zurechtgestutzt, sondern behutsam zur Blüte gebracht wird, auch das Beste im Menschen zur Entfaltung bringen kann. Wer die Natur liebt, der liebt auch Gottes Schöpfung – das war für den christlichen Philosophen Shaftesbury eine ausgemachte Sache, und wer Gott liebe, folgerte er, könne auch ein Menschenfreund sein.

Eine der Tugenden, in denen sich die Liebe zum Menschen am besten ausdrückt, war für Shaftesbury die Freundschaft. Zu den schönsten Eigenschaften, die man in einer Freundschaft an den Tag legen kann, zählte für ihn die Großzügigkeit. Die Fähigkeit, den anderen so zu lassen, wie er ist. Und das übt man mit der Zeit wahrhaftig ein, wenn man es mit einem Garten zu tun bekommt! Ein Garten macht nun einmal am liebsten das, was er will. Ein nach englischem Vorbild gestalteter Garten zumal; da muss man lernen, die Natur auch mal an der langen Leine zu lassen, sie nur insofern zu lenken, dass sich ihre natürliche Schönheit auf sanfte Weise entfaltet.

Ob Frances Hodgson Burnett Shaftesburys Schriften studiert hat? Wir können es nicht mit Gewissheit sagen. Fraglos war sie von aufklärerischen Idealen durchdrungen und hatte die menschenfreundliche Haltung der englischen Naturphilosophie verinnerlicht. Man kann nicht anders, als ihren *Geheimen Garten* als sehr liebevolle, einfühlsame Ermutigung zu interpretieren: Geh hinaus in den Garten und lade dir dort Freunde ein. Der Garten wird dir helfen, mit dir selbst gut Freund zu sein – und auch mit anderen!

Als der Frühling kommt, sitzt Mary an einem sonnigen Nachmittag im geheimen Garten mit ihren Freunden Colin und Dickon und dem Rotkehlchen Robin im Gras, vor sich, auf einer weißen Tischdecke, einen Krug Milch und frisch gebackenes Bauernbrot. Es ist der Moment, in dem die Kinder wissen: Jetzt sind wir zu Vertrauten geworden! Satt und warm und glücklich sitzen die drei beieinander, und Colin sagt: »Ich wünschte, dieser Nachmittag würde nie vergehen«.

»Ich bin anders geworden, seitdem ich die Menschen
lieben gelernt und den Garten gefunden habe.«

FRANCES HODGSON BURNETT
Der geheime Garten

Lunch in Weiß
Ein sonniges Mittagessen
mit der Freundin

Weiß scheint eine unbestimmt schwebende Bedeutung zu haben«, meinte die große alte Dame der englischen Gartenkultur, Gertrude Jekyll (1843–1932). Ein weißes Tischtuch reflektiert das Sonnenlicht auf besonders glanzvolle Weise. Weiße Zutaten wie Frischkäse oder Sahne bringen die Farben der Früchte des Gartens leuchtend zur Geltung. Hinzu kommt, dass ihr Geschmack angenehm mild ist – wie geschaffen, um den Aromen und Düften der Gartenkräuter und Blüten eine Bühne zu bereiten.

Goldene Zeiten

Ein Mittagessen im Grünen, das ist Sonntagsstimmung pur, selbst an einem Dienstag. Also unbedingt Kerzen auf den Tisch! Besonders glamourös sehen goldene aus – sie funkeln mit dem Sonnenlicht um die Wette. Und damit das Ganze nicht wirkt wie die Jahreshauptversammlung der Royalistinnen, braucht es einen bescheidenen Widerspart. Schlichte, niedrige Väschen mit Pflanzen, deren Potential als Blumenschmuck man sonst eher übersieht: Holunderblüten etwa. Oder Giersch, mit einem Seidenbändchen zum Sträußchen gebunden. Sehr hübsch auch: Walderdbeeren.

Lardo-Häppchen mit Rucola und Rosa Pfeffer

Der hauchdünn geschnittene Lardo hat mit herkömmlichem Speck nichts gemein. Er schmilzt seidig weich auf der Zunge und schmeckt überhaupt nicht rustikal – sondern fein nach Sahne. Deshalb mögen auch die Zartbesaiteten unter meinen Freundinnen diese Häppchen gern. Ich bewahre sie bis zum Servieren an einem kühlen Platz auf (nicht im Kühlschrank) und reiche dazu Crémant, Champagner oder Prosecco.

FÜR 6 HÄPPCHEN
ZUBEREITUNGSZEIT: 5 MINUTEN

- 6 Scheiben Stangen-Landbrot
- 6 Espressolöffel Walnussöl
- 1 kleiner Bund Rucola
- 6 Scheiben Lardo
- 6 Walnusshälften
- 1 TL Rosa Pfeffer (ganze Körner)
- etwas Fleur de Sel

Jede Brotscheibe mit einem Espressolöffel Walnussöl beträufeln, dann mit Rucola, je einer Scheibe Lardo und einer Walnusshälfte belegen. Nach Belieben mit Rosa Pfeffer und Fleur de Sel bestreuen.

Ziegenfrischkäse mit weißem Pfirsich und Estragon-Rosen-Vinaigrette

Für diesen Salat sollten die Pfirsiche wirklich reif, saftig und aromatisch sein. Bekommt man nur steinharte Ware, wie leider oft der Fall, lässt man es lieber und nimmt stattdessen Erdbeeren, Birnen oder Feigen.

ZUBEREITUNGSZEIT: 10 MINUTEN

- 2 große, reife weiße Pfirsiche
- 2 Scheiben Ziegenfrischkäse (zum Beispiel Ziegarella)

VINAIGRETTE:
- 3 TL Rosenessig
- 1 TL Aprikosenmarmelade
- Meersalz
- 1 EL Zitronenolivenöl
- 4 EL Olivenöl
- 1 EL feingehackter Rucola
- je 1 TL frischer, feingehackter Dill und Estragon

Pfirsiche waschen, trocken tupfen, mit einem feinen Messer die Haut abziehen (geht bei reifen Pfirsichen leicht) und die Kerne entfernen. Früchte in feine Spalten schneiden und je einen Pfirsich sternförmig auf einem Teller drapieren. Die Ziegenfrischkäse-Scheiben in die Mitte legen, mit der Kräutervinaigrette beträufeln.

Gnocchi mit Almschotten, Pfifferlingen und Bergthymian

Almschotten ist ein cremiger Ricotta, der traditionell im Sommer auf den Almen im Kärntner Gailtal aus Molke hergestellt wird. Meine Familie stammt aus Kärnten, und wenn ich sie im Sommer besuche, bringe ich ein, zwei Kilo von dem Schotten für zu Hause mit – und pflücke auf der Alm gleich noch ein paar Zweige Bergthymian. Außerhalb der Almschotten-Saison nehme ich handelsüblichen Ricotta oder greife auf geräucherten Ricotta zurück, den man bei uns in gut sortierten italienischen Feinkostläden bekommt.

ZUBEREITUNGSZEIT: 15 MINUTEN

- 400 g Kartoffelgnocchi
- 1 EL Butter
- ½ Zwiebel
- 50 g Schinkenspeck
- 2 Handvoll frische, geputzte Pfifferlinge
- 10 kleine, kernlose Trauben, gewaschen und halbiert
- 2 EL Almschotten
- ein paar Zweige Bergthymian oder Zitronenthymian mit Blüten
- etwas Olivenöl
- Fleur de Sel, schwarzer Pfeffer aus der Mühle

Zwiebel und Schinkenspeck fein hacken, in der Butter anschwitzen, nach fünf Minuten die Pfifferlinge dazu geben, weitere fünf Minuten sanft braten. Die Gnocchi kochen (frische Gnocchi brauchen maximal 3 Minuten), abgetropft zu den Pilzen geben, die Trauben unterheben, alles mit Fleur de Sel würzen.

Auf zwei Teller geben, den Almschotten in kleinen Häufchen darauf verteilen, schwarzen Pfeffer und die abgezupften Thymianblätter und -blüten darüber streuen, etwas Olivenöl dekorativ darauf träufeln.

Lavendel-Orangen-Panna cotta mit Kompott von schwarzen Johannisbeeren

Das Rezept für diese Panna cotta habe ich entwickelt, als ich einmal die Bienen beobachtete, die sich auf den Blüten meines provençalischen weißen Lavendels tummelten. Was denen so gut schmeckt, dachte ich, schmeckt bestimmt auch mir! Johannisbeeren aus dem Garten meiner Mutter waren auch noch da, und sogar noch eine Orange – und alles harmonierte so gut, dass ich dieses Rezept sogleich in das Repertoire meiner Sommerküche mit aufgenommen habe!

FÜR 6 BIS 8 PORTIONEN
ZUBEREITUNGSZEIT: 20 MINUTEN,
PLUS KÜHLEN ÜBER NACHT

- 4 Blatt Gelatine
- 700 g Sahne
- 2 frische Lavendelblütenzweige
- 60 g Zucker
- 1 Prise Salz
- abgeriebene Schale einer Bio-Orange
- 1 TL Maraschino

KOMPOTT:
- 300 g schwarze Johannisbeeren
- 3 ½ EL brauner Rohr-Rohzucker
- 1 TL Orangenmarmelade

Sahne mit Lavendelblüten, Zucker und der Prise Salz in einen Topf geben, auf kleiner Flamme langsam zum Kochen bringen, einmal aufkochen lassen, Topf vom Herd nehmen. Während die Sahne abkühlt, die Gelatine in kaltem Wasser einweichen. Sobald die Sahnemischung handwarm ist, die Lavendelblüten entfernen und die leicht ausgedrückte Gelatine unter Rühren in der Sahne auflösen. Mit Maraschino und der abgeriebenen Orangenschale aromatisieren.

In einer Schüssel abgedeckt über Nacht im Kühlschrank fest werden lassen. Für das Kompott die Johannisbeeren mit dem Zucker ca. 2 Minuten köcheln und mit Orangenmarmelade abschmecken.

Sinn und Sinnlichkeit
Tea Time mit Rosen

»Für mich soll's rote Rosen regnen,
mir sollten ganz neue Wunder begegnen.«

*Refrain des Chansons »Für mich soll's rote Rosen regnen«
von Hildegard Knef*

Ich habe etwas Mühe, mir auszumalen, wie es sein wird, eines Tages, wenn Postpaket-Drohnen surrend über unseren Köpfen propellern und ihre Pakete auf uns herabregnen lassen, und kein Postbote mehr bei uns klingeln wird, um uns freundlich lächelnd eine Paketsendung auszuhändigen. Ich hatte so einen netten Postboten, als ich Studentin war. Er wusste, was sich in den Päckchen verbarg, die er mir während der Sommermonate alle zwei, drei Wochen brachte. Ich hatte es ihm mal erzählt, als wir im Türrahmen ein Schwätzchen hielten. Die Päckchen waren von meiner Oma. Es waren Rosen drin.

Meine Oma schickte mir frisch geschnittene Teerosen aus ihrem Vorgarten hunderte Kilometer weit per Post. Ich lebte in München, meine Oma im Hunsrück; wir waren ziemlich beste Freundinnen. Wir telefonierten jede Woche, und manchmal sagte meine Oma zum Abschied: »Schatz, meine Rosen vorm Fenster blühen gerade so schön. Ich schick' dir welche!«

Zu der Zeit gönnte ich mir mein erstes Teeservice im Silberlook. Nun ja, es war Hotelsilber. Für ein Teeservice aus echtem Sterling wollte es bei mir nicht so recht reichen, aber mein Faible für Silbertüddelkram zum Tee – der ist bis heute geblieben. Ich schälte also die Rosen aus dem Frischhaltebeutel und dem durchweichten Wischundwegtuch, das meine Oma vorsorglich um die Stiele gewickelt hatte. Dann stellte ich die zarte Fracht zur Auffrischung in eine Vase auf den Balkontisch. Und machte mir Tee.

Von weit her über die Weltmeere

Rosen auf die Reise zu schicken, scheint so ziemlich das Unsinnigste, das es gibt, möchte man meinen. Meine Oma stammte aus der Steiermark; sie hatte keine Ahnung von der ehrwürdigen Geschichte der Seefahrt, doch wenn sie Rosen verschickte, tat sie etwas, das Hunderte Jahre zuvor bereits die Seefahrer getan hatten, die zwischen Lissabon, London und den Häfen in China und Indien monatelang über die Weltmeere geschippert waren, um für die Leute in Europa Rosen auf den Weg zu bringen – neben anderen Annehmlichkeiten, wie etwa Tee.

Tee und Rosen kamen ursprünglich von sehr weit her. Tollkühne Handelsreisende mussten sie aus fernen Ländern auf abenteuerlichen Wegen für uns herbeischaffen. Kaum jemand in Europa hatte zu jener Zeit auch nur die geringste Ahnung davon, wo der Tee und die neuartigen Rosensorten, die damals in Mode kamen, wirklich herkamen. Dieses Geheimnis kannten nur die Kaufleute, die sich in den Handelsstädten des Orients tummelten – jenes sagenumwobenen Riesenreichs von Persien über Indien bis China, aus dem so herrliche Dinge kamen wie der Pfeffer, der Kaffee, der Tee – und all die wundersamen, fremdartigen Rosen, die im Unterschied zu den heimischen Hunds- und Apothekerrosen sogar noch im Herbst einmal blühten!

Obwohl Historiker bisher alle möglichen Tricks aufboten, lässt sich die Geschichte nicht gerne in die Karten schauen: Sie gibt uns bis heute nicht preis, wo und wann genau die ersten Kulturrosen gezüchtet und die erste Tasse Tee der Menschheitsgeschichte wohl gebrüht wurden. Sicher ist nur: Beide Kulturformen haben ihren Ursprung in Asien.

Es ist daher nicht erstaunlich, dass selbst die Engländer eine Weile gebraucht haben, um auf den Geschmack des Tees zu kommen. Dazu musste nämlich erst einmal der direkte Seeweg nach Indien gefunden werden. Als die Europäer ihn dank Vasco da Gama 1498 heraushatten und damit beginnen konnten, in großem Stil orientalische Luxusgüter wie Tee, Kaffee, Gewürze, Zucker und Porzellan nach Europa einzuführen, fanden die Engländer gleichwohl erst einmal den Kaffee wesentlich attraktiver als Tee. Um 1700 gab es in London sage und schreibe dreitausend Coffee Shops! Angeblich wurde überhaupt erst im Jahr 1656 zum allerersten Mal in England eine Tasse Tee öffentlich getrunken.

Zum nationalen Symbol wurde der Tee erst in der zweiten Hälfte des achtzehnten Jahrhunderts, als Indien mehr und mehr unter die Hoheit der britischen Gouverneure fiel. Dann aber ging es schnell: Eine Teeplantage nach der anderen wurde in Indien unter britischer Herrschaft gegründet. 1785 war der Londoner Hafen bereits das Zentrum des europäischen Teehandels.

Zu Gast bei den englischen Rosenfräulein

Das Teetrinken war nachgerade ein Upper Class-Vergnügen. Tee floss aus Sterlingkannen in dünnwandige Porzellantassen – eine luxuriöse Spielerei, die sich nur betuchte Herrschaften leisten konnten, wie zu Wohlstand gekommene Snobs oder Adelssprösslinge. Und, natürlich: deren Gattinnen. Das Geld saß locker, man hatte die besten Verbindungen zu den Gouverneuren in den Kolonien oder zu Flottenadmirälen, und überbot sich darin, mit deren Hilfe die neuesten Sensationen aus dem Orient in die heimischen Salons zu holen.

So verfielen Europas Adelsdamen just in der Zeit, als der Tee die englischen Zungen mehr und mehr für sich erwärmte, dem Rosenfieber. Sie ließen sich unbekannte Rosenzüchtungen aus China kommen, pflanzten sie in ihren Lust- und Landhausgärten an, und dekorierten mit den sinnlichen, füligen Blüten die Boudoirs, Teetischchen, Dekolletees und Strohhüte. Schon damals galt die Rose als Attribut des englischen Adels. Das Haus Lancaster hatte im fünfzehnten Jahrhundert eine rote Rose im Wappen, das Haus York eine weiße.

Es lag also nahe, dass englische Ladys die Noblesse ihrer Teestunden damit unterstrichen, Rosengirlanden über die Stores zu werfen, Rosen im Haar zu tragen und am Rosenlikörchen zu nippen. Sollten uns angesichts solcher Szenerien auch heute noch blaublütige Gedanken kommen, dürfen wir ruhig nachsichtig mit uns sein – das liegt in der Natur der Sache.

House

Viktoria's Secrets – kleine Teetikette

Ein bisschen Schlossgeflüster und das gewisse Gewusst-wie: mit diesen königinmütterlichen Ratschlägen sind Sie zu jeder Teestunde wetterfest!

AFTERNOON TEA geht auf Anne, siebte Duchess of Bedford, zurück. Sie lud 1840 erstmals zum Afternoon Tea, weil man in Adelskreisen damals die Nächte durchtanzte, gegen Mittag frühstückte und das Mittagessen am Abend einnahm. Dazwischen klaffte eine Flaute. Das brachte Anne auf die Idee, mit Tee, süßen Brötchen und Kuchen gegen das Magengrummeln anzugehen. Zum *Afternoon Tea* gibt es traditionell nur Süßes – *savories*, die herzhaften Häppchen, sind dem *High Tea* vorbehalten.

CREAM TEA ist ein schlichterer *Afternoon Tea* mit Tee, Clotted Cream, Marmelade und Scones – ohne Kuchen, Eclairs oder anderen Süßkram. Der Adel trank Tee ursprünglich nicht mit Milch; Milchprodukte galten als bäuerlich. Aber sie machen satt. Und wurden somit doch noch hoffähig.

HIGH TEA ist ursprünglich die volkstümliche Variante des höfischen *Afternoon Tea*. Im Volk hatte man um fünf Hunger, weil man seit dem Morgen auf dem Feld gestanden hatte. Als der Tee für die breite Bevölkerung erschwinglich wurde, zog die Sitte des Teetrinkens auch in die Cottages ein – und wurde dort gleich mit dem Abendessen verbunden. Deshalb gibt's beim *High Tea* Deftiges: Schinken, Bacon, Käse, Ei. Wie in einem Cottage üblich, an einem ordentlichen Tisch serviert. Und der ist im Vergleich zu den niedrigen Teetischen der feinen Gesellschaft, auf denen gerade mal die Kanne mit dem Stövchen Platz fand: hoch.

FINGER ABSPREIZEN? War dereinst ein Muss! Die ersten Teetassen, die nach Europa kamen, waren schlichte Schälchen. An Heißgetränke war man nicht gewöhnt. Unsicher jonglierten die Damen die zarten Schalen in den Händen. Den Finger abzuspreizen, half, die Balance zu halten. Er bot das Gegengewicht, wenn das Schälchen beim Nippen gekippt wurde. Seit etwa 1730 haben Tassen allerdings Henkel.

HUCH! WAS ANZIEHEN? Sie wollten immer schon gern wissen, wie sich Keira Knightley fühlte, als sie »Stolz und Vorurteil« drehte und die herrlichsten Empirekleider tragen durfte? Schnittmuster für Regency- und Empiremode und für Tageskleider im Biedermeierstil gibt's im Internet (siehe Bezugsquellen).

IHR GÄRTNER IST WEG? Unter uns: Sie haben doch gar keinen! Was sollte der auf Ihrem Balkon auch groß tun? Und dass Sie nach der Arbeit nicht auch noch Beete ausmisten möchten, verstehen wir gut. Was also tun, wenn die Teedamen im Anmarsch sind und der Garten ein wenig wie bei Hempels aussieht? Das Gleiche, was Sie tun, wenn Sie unterm Sofa räumen: Staubsaugen. Im Garten heißt das: Rasenmähen. Ein gemähter Rasen ist das perfekte Make-up für einen Garten, der mal wieder dringend zur Kosmetikerin müsste.

WENN MAN KOMMT: Blumen mitbringen! Am besten Rosen. Viele Rosen, ein großer Strauß. Rosen sind das Überflüssigste, was es gibt. Sie können nichts richten, nichts messen, nichts für uns tun. Außer Freude bereiten. Und davon kriegt man nie genug.

WENN MAN GEHT: Nie, wirklich bitte nie die Gastgeberin fragen: »Darf ich Dir beim Abwasch helfen?« Auweia! Den Abwasch macht immer das Personal. Oder dachten Sie, Ihre Gastgeberin hätte keins?

»Wer schöne Rosen in seinem Garten haben möchte,
muss schöne Rosen in seinem Herzen tragen.«

SAMUEL REYNOLDS HOLE

Selbst ist die Frau
Tea Time-Rezepte, für die man garantiert keinen Butler braucht

Im Garten meiner Mutter blüht ein Rosenbusch mit leuchtend pinkfarbenen Blüten. In guten Jahren schäumt er fast davon über. Er hat enorm widerspenstige Dornen, und wir trauen uns kaum, die handtellergroßen Blüten abzuschneiden, um sie in die Vase zu stellen.

Eines Tages stand ich einmal etwas gedankenverloren davor, guckte mir die vor sich hin gilbenden Blätter an – und wurde melancholisch. Der Gedanke, die zarten Blüten würden einfach so ins Gras fallen und verrotten, trübte meine sommerliche Stimmung. So kam ich auf die Idee, Rosenblütenrezepte zu entwickeln – nichts Verkünsteltes, einfache Sachen. Schnell merkte ich, dass Rosen die Models unter den Blüten sind – man kann beinahe alles an sie hinkleistern, sie wirken immer hinreißend! Also kombinierte ich sie mit Rezepten meiner Großmutter. Und siehe da: mit Eiern und Milchprodukten sind Rosen die Wucht! Seither sind der Hefezopf-Auflauf und der Kaiserschmarrn mit Rosenblüten meine Lieblingsschlemmereien zum Tee.

Rosentee

Weißer Tee ist ein unfermentierter grüner Tee, für den nur die obersten Blattriebe und Blätter gepflückt werden. Er stammt aus China. Wegen seines zarten Geschmacks bildet er eine angenehm zurückhaltende Grundlage für das feinblumige Aroma der Rosenblüten.

- 30 g weißer Tee (zum Beispiel Pai Mu Tan)
- 2 Handvoll getrocknete Bio-Rosenblüten (ungespritzte Blüten)
- 1 großes, dunkles Schraubglas

ZUM TEEKOCHEN:
- kalkarmes Leitungs- oder stilles, natriumarmes Mineralwasser

Die getrockneten Rosenblüten (Tipps zum Selbertrocknen: siehe Rezept für Rosenblütenzucker) mit dem weißen Tee ins Schraubglas geben. Dunkel und kühl aufbewahren. Zum Teekochen: kalkarmes oder stilles Wasser nach dem Aufkochen eine Minute abkühlen lassen. Für eine Kanne ca. 6 TL Rosentee in einen Teefilterbeutel aus chlorfreiem Papier geben, aufbrühen, maximal 3 Minuten ziehen lassen. (In München, wo ich wohne, ist das Leitungswasser ziemlich kalkhaltig. Deshalb verwende ich für diesen Tee natriumarmes stilles Mineralwasser. Wirkt etwas kapriziös, lohnt sich aber: Mit kalkhaltigem Wasser schmeckt der Tee dumpfer, mit stillem elegant und aromatisch.)

Rosenblütenzucker

Die Anregung zu diesem Rezept bekam ich beim Blättern in einem Kochbuch aus dem achtzehnten Jahrhundert. Damals gab es noch keinen rieselfähigen Zucker. Man kaufte ihn im Ganzen als Block, und musste die Menge, die man zum Backen oder für die Zuckerdose benötigte, mit einem Messer abschaben und im Mörser zerkleinern.

ERGIBT CA. 100 G:
- 1 voll erblühte, frische Duftrose (ungespritzt oder vom Bio-Gärtner)
- 1 Bio-Limette
- 1 Zuckerhut (250 g)
- 10 Tropfen ätherisches Bio-Rosenöl
- 10 g kandierte Rosenblätter (gibt's fertig zu kaufen)
- Mörser, 1 Schraubglas

Duftrose vorsichtig entblättern; Blütenblätter auf Küchenkrepp 5 Tage trocknen lassen, am besten an einem dunkleren Ort, locker mit Küchenkrepp bedeckt.

Am dritten Tag: Die Bio-Limette heiß abspülen, trocken tupfen, über einem großen, flachen Teller die Schale fein abreiben. Mit Küchenkrepp abdecken und über Nacht durchtrocknen lassen. Ebenfalls am dritten Tag: Zuckerhut auf Teller stellen, die Spitze mit 5 Tropfen ätherischem Bio-Rosenöl beträufeln, mit Küchenkrepp bedecken, über Nacht trocknen lassen.

Am vierten Tag: Zuckerhut von der Spitze her mit dem Stössel des Mörsers im Mörser oder einer hochwandigen festen Schüssel fein zerstoßen. So lange, bis etwa ein Drittel abgerieben ist. Diesen Zucker mit der Hälfte der getrockneten Limettenschale in ein Schraubglas füllen. Zuckerhut wieder auf den Teller stellen, nochmals die Oberseite mit 5 Tropfen ätherischem Rosenöl beträufeln. Wieder Küchenkrepp drauf, wieder über Nacht durchziehen lassen.

Am fünften Tag: Das zweite Drittel des Zuckerhuts mit dem Stössel bearbeiten – bis zu der Stelle, an der der Zuckerhut nicht mehr nach Rose duftet. Den gemahlenen Zucker zum anderen Zucker ins Schraubglas geben. Kandierte Rosenblätter im Mörser zerstoßen, getrocknete Rosenblätter fein zerkrümeln, beides hinzufügen – fertig!

Hefezopf-Auflauf mit Rosenblüten

Schmeckt am besten, wenn der Zopf nicht mehr superfrisch, sondern einen Tag alt ist. Geht auch mit Kastenweißbrot, und müsste dann korrekterweise »Bread and Butter Pudding« heißen. Und wenn man Brioche nimmt? Hat man die Superluxusvariante – die so sündhaft gut nach Butter schmeckt, dass man das Wort Margarine für immer aus seinem Wortschatz verbannt!

ZUBEREITUNGSZEIT: 40 MINUTEN

- 9 Scheiben Hefezopf, Brioche oder Weißbrot (zum Beispiel Kastenweißbrot)
- 50 g zimmerwarme Süßrahmbutter
- 3 Eier
- 200 ml Sahne
- abgeriebene Schale ½ Bio-Zitrone
- 1 Prise feines Meersalz
- 6 TL Rosenblüten-Butter (weiche Süßrahmbutter mit feingeschnittenen, frischen Rosenblüten)
- 5 TL Rosenblütenzucker

Hefezopfscheiben mit Butter bestreichen. Mit der Butterseite nach unten in eine Auflaufform schichten. Eier mit Sahne, Zitronenschale und der Prise Salz verquirlen. Über die Hefezopfscheiben gießen. Im Backofen bei 175°C circa 25 Minuten backen. Herausnehmen, die Rosenblüten-Butter in Flöckchen darauf verteilen, anschließen den Rosenblütenzucker darüber streuen. Nochmal gute 5 Minuten backen. Heiß servieren.

(Nimmt man statt dem süßen Hefezopf Weißbrot, kann man die verquirlten Eier mit 2 TL Puderzucker süßen.)

Kaiserschmarrn mit Rosenblütenzucker

Diese Variante mit Sauerrahm kenne ich aus Österreich. Sie schmeckt besonders flaumig und zergeht auf der Zunge.

ZUBEREITUNGSZEIT: 20 MINUTEN

- 300 g Sauerrahm
- 1 EL Rum
- 1 gute Prise Salz
- 1 EL Puderzucker
- 4 Eier
- 80 g Mehl
- 1 EL Rosinen
- 2 EL Butter und etwas Öl zum Braten

Mit einem Schneebesen Sauerrahm, Rum, Puderzucker und Salz glattrühren. Die Eier nach und nach unterrühren. Das Mehl auf den Teig sieben und mit den Rosinen vorsichtig unterheben. Butter und Öl in einer großen schweren Pfanne mit gut schließbarem Deckel bei mittlerer Hitze erwärmen. Teig hineingießen, Deckel auflegen, gut 5 Minuten stocken lassen.

Deckel abnehmen, Hitze erhöhen, wenn die Unterseite schön goldbraun ist, den Teig wenden. Hitze wieder runter schalten, Deckel drauf. Nochmal 5 Minuten stocken lassen, dann bei geöffnetem Deckel den Teig in grobe Stücke reißen und bei kräftiger Hitze unter vorsichtigem Wenden kurz kross werden lassen.

Auf Teller verteilen, mit Puderzucker und Rosenblütenzucker bestäuben. Wer mag, streut ein paar essbare Rosenblüten darauf.

Rosensecco

Rezepte für selbstgemachten Rosenblütensirup gibt es viele; ich habe einige ausprobiert, fand das Ergebnis aber durchweg zu zitronig oder zu süß. Darum guckte ich mich um: Und fand einen ziemlich perfekten Sirup aus einer französischen Manufaktur – angenehm süß, nicht säuerlich (siehe Bezugsquellen).

PRO GLAS:
- 2 TL Rosenblütensirup
- Prosecco
- ein paar ungespritzte, frische Rosenblüten

Den Rosenblütensirup in ein Kelchglas geben, mit eisgekühltem Prosecco aufgießen, zwei, drei Rosenblüten ins Glas streuen. Schmeckt toll zu den Erdbeer-Shrimps!

Shrimps-Cocktail mit Erdbeeren und Macadamianüssen

Trauen Sie sich ruhig! Die Erdbeeren harmonieren so gut mit der leichten Süße der Shrimps, dass ich meine: Die zwei sind wie füreinander geschaffen!

ZUBEREITUNGSZEIT: 15 MINUTEN

- 200 g gekochte, ausgelöste Shrimps
- 60 g Sauerrahm
- 40 g Bio-Mayonnaise
- ½ TL Tomatenmark
- 1 TL Cognac
- Meersalz, eine Prise Zucker
- eine Prise Chilipulver oder Cayennepfeffer
- etwas abgeriebene Bio-Zitronenschale
- 1 TL frischer, feingehackter Dill
- 8 kleine Erdbeeren
- 8 Macadamianüsse, halbiert

Die Shrimps kalt abbrausen, abtropfen, trocken tupfen. Sauerrahm, Mayonnaise, Cognac und Tomatenmark glattrühren. Mit Salz, Zucker, Zitronenschale und Chilipulver abschmecken. Den feingehackten Dill unterheben. Erdbeeren putzen, kurz abbrausen, vorsichtig trocken tupfen, halbieren und mit den Macadamianüssen und den Shrimps sanft unter die Creme ziehen. In Kelchgläsern servieren.

Ernten und Naschen
Picknick im Garten

»Sie breiteten also ihre Taschentücher auf dem Boden aus
und ließen sich stocksteif darauf nieder. Da stolperte jemand
mit einem Teller mit Fleischpastete in der Hand
über eine Wurzel, und die Pastete flog durch die Luft.«

JEROME K. JEROME
Drei Männer im Boot

Hart, aber da müssen wir jetzt durch: Das Picknick, das wir uns erträumen, ist eine Mär. So hingegossen auf einer Lichtung dazuliegen, in weißen Sommerroben, der Kuckuck ruft, Galane umschmeicheln uns, den Champagnerkelch in der Hand. Gitarre zupfende Jünglinge vervollständigen die bukolische Szenerie. Die Luft ist süß und lind. Wie von Zauberhand hat jemand auf weißem Tuch ein illustres Mahl für uns gedeckt. Eine Welt ohne Stechuhren und Stechmücken.

In unserer Welt hingegen haben die Picknickgäste für gewöhnlich Krabbelbeine und Ameisenkörper. Sie fallen über unsere Speisen und Fußknöchel her wie ausgehungerte Bestien. Flugobjekte mit eingebautem Giftstachel peilen unsere Kniekehlen und Nacken an. Der Strohhut kratzt, man kommt darunter ins Schwitzen. Und diese Wolken da drüben – oh, mein Gott, es wird doch nicht schon wieder gleich ein Gewitter losgehen?!

Als das Picknick in die Welt kam, so gegen Ende des siebzehnten Jahrhunderts (exakt weiß man es nicht), war man klug genug, die neue Mode in Räumen stattfinden zu lassen. Ursprünglich bezeichnete das Wort ein informelles Treffen illustrer Herrschaften, die sich einen Spaß daraus machten, dass jeder etwas zu essen mitbrachte. Eine Art WG-Party in Adelskreisen, jedenfalls eine zwanglose Angelegenheit; man hatte jede Menge zu essen und vertrieb sich die Zeit mit Schmausen, Singen und Tanzen. Bis heute streiten sich Bedeutungsforscher darüber, ob nun die Franzosen das *Pique nique* zuerst erfunden und es den Briten hernach als *Picnic* schmackhaft gemacht haben – oder ob es umgekehrt war. Erwiesen ist jedenfalls, dass sich das Wort Picnic im Laufe des achtzehnten Jahrhunderts im Britischen Königreich nicht nur einbürgerte – sondern mit Verve in die Tat umgesetzt wurde.

Alle Mann voraus!

Wie so manche Gepflogenheit, die uns heute als selbstverständlich erscheint – mehr noch: als nachgerade derart normal, als sei sie im Entwicklungsplan der Menschheit von Anfang an vorgesehen gewesen – wurde auch das Picknick nicht von Normalsterblichen erfunden, sondern (Antiroyalisten hören das nicht gern) im Dunstkreis der Aristokratie. Jedenfalls trifft das auf jene Art Picknick zu, die unter den klimatischen Besonderheiten Mitteleuropas als Inbegriff des spontanen Sommervergnügens gilt – das stilvoll mit Champagner, Erdbeeren, Tweeddecke und Zwanzigerjahre-Tenniskleidung zelebrierte Landpicknick englischen Zuschnitts.

In der Tat waren es die britischen Royals und die in Oxford und Cambridge studierenden Sprösslinge der Royals, die als erste Gefallen daran fanden, anlässlich von Jagdgesellschaften, Sportwettkämpfen oder Ausritten bei jedem Wetter so unter freiem Himmel zu tafeln, wie sie es aus den eigenen vier Wänden gewöhnt waren: mit Damast-Tischtuch, Stoffservietten, Kristallgläsern, Sektkühler, Silberbesteck, Bratenfleisch und allerhand sonstigem Pipapo.

Es machte dem britischen Volk nicht das Geringste aus, dass diesen königlichen Vergnügungen organisatorische Hürden vorgeschaltet waren, die es erst einmal zu überwinden galt. Den Königlichen Hoheiten standen zur Verwirklichung ihres Spleens jede Menge Klappsesselträger, Deckenausbreiter, livrierte Bratenköche und Kutscher zur Verfügung. Die transportierten als Vorabtross die gesamte Stellage brav an die vorgesehene Stelle, schnitten am Fuße der Highlands oder am Ufer des Avon die Sandwiches in mundgerechte, gleichschenklige Dreiecke, hielten Armeisenarmeen in Schach – und dem Wettergott hinreichend Schirme vors Gesicht.

Erst die Arbeit, dann der Spaß

Die britischen Untertanen haben sich gar nicht erst bemüht, so zu tun, als seien sie keine Snobs. Gerade weil sie im Herzen Republikaner sind, begannen sie die königliche Picknickmode mit dem allergrößten Vergnügen nachzuahmen – auf jenem Niveau, das ihnen zur Verfügung stand. Und das reizten sie gründlich aus. Das ist der eigentliche Grund dafür, dass es heute überall auf der Insel Usus ist, sich anlässlich kultureller Open-Air-Veranstaltungen auch als Mr. und Mrs. Winterbottom in Abendrobe und Anzug zu werfen und sich den Picknickkorb mit den geschliffenen Gläsern, dem Champagner, dem Knochenporzellan und den feinen Häppchen zu schnappen. Und sich dann in vollem Ornat mit dem Zug oder der U-Bahn in den Park eines herrschaftlichen Anwesens zu begeben, um dort auf der Wiese das Tischtuch auf der Wolldecke auszubreiten und zu Mozartklängen Hühnerpastete und Lemon Pie zu knabbern.

Britische Delikatessenhäuser bieten sogar Picknick-Services an – wer es sich leisten mag, bestellt einen Fresskorb mit professionell verpacktem Picknick-Menü, Prickelwasser und Silberbesteck. Und ist sich nicht zu schade, den Korb eigenhändig über den Rasen zu schleppen, so als trüge man eben mal ein paar Einkaufstüten vom Supermarkt nach Hause.

Das ist das Besondere am englischen Picknick: Es ist in Wirklichkeit ein mordsmäßiger Aufwand. Eigentlich nur zu bewerkstelligen, wenn man ein Heer von Bediensteten hat. Da man die heutzutage in der Regel eher nicht hat, übernimmt der Brite all die Anstrengungen, die vonnöten sind, damit hinterher alles vollkommen unangestrengt und lässig wirkt, eben selbst. Das geht bei uns nicht. Wir hatten keine Royals, die glamouröse Picknicks auf der grünen Wiese veranstalteten. Hätten wir welche gehabt, wäre es uns peinlich gewesen, es ihnen gleichzutun.

Was also tun auf dem Kontinent? Auch wir können auf eine Picknicktradition zurückblicken, wie sie einst in allen landwirtschaftlich geprägten Gesellschaften üblich war. Früher konnte man bei uns überall auf dem Land folgende Szenerie beobachten: Da sitzt eine Gruppe von Leuten in der Augusthitze auf abgeernteten Feldern; ein wenig ermattet, aber auf angenehme Weise erschöpft. Sie sitzen einfach so da, mit oder ohne Decken, auf Strohballen oder Heuwagen oder auf der Erde, und verspeisen Kuchen und Brot und Fleisch und Wurst und Käse – was ihnen die Kinder vom Hof eben herübergebracht haben.

Erntemahlzeit! Man könnte durchaus Picknick dazu sagen. Solch eine Mahlzeit unter freiem Himmel hatte vieles von dem, was ein vergnügliches Picknick ausmacht: schönes Wetter, gutes Essen und die Gelegenheit zu einer netten Pause unter freiem Himmel. Und sollte uns jemand dazu unbedingt Champagner kredenzen wollen, würden wir ihn gewiss nicht davon abhalten!

»Was sind 4000 Pfund für ein Picknick,
wenn man seine Freunde damit beeindrucken kann!«

CHRISTEL BRAUN
Picknick auf die feine englische Art

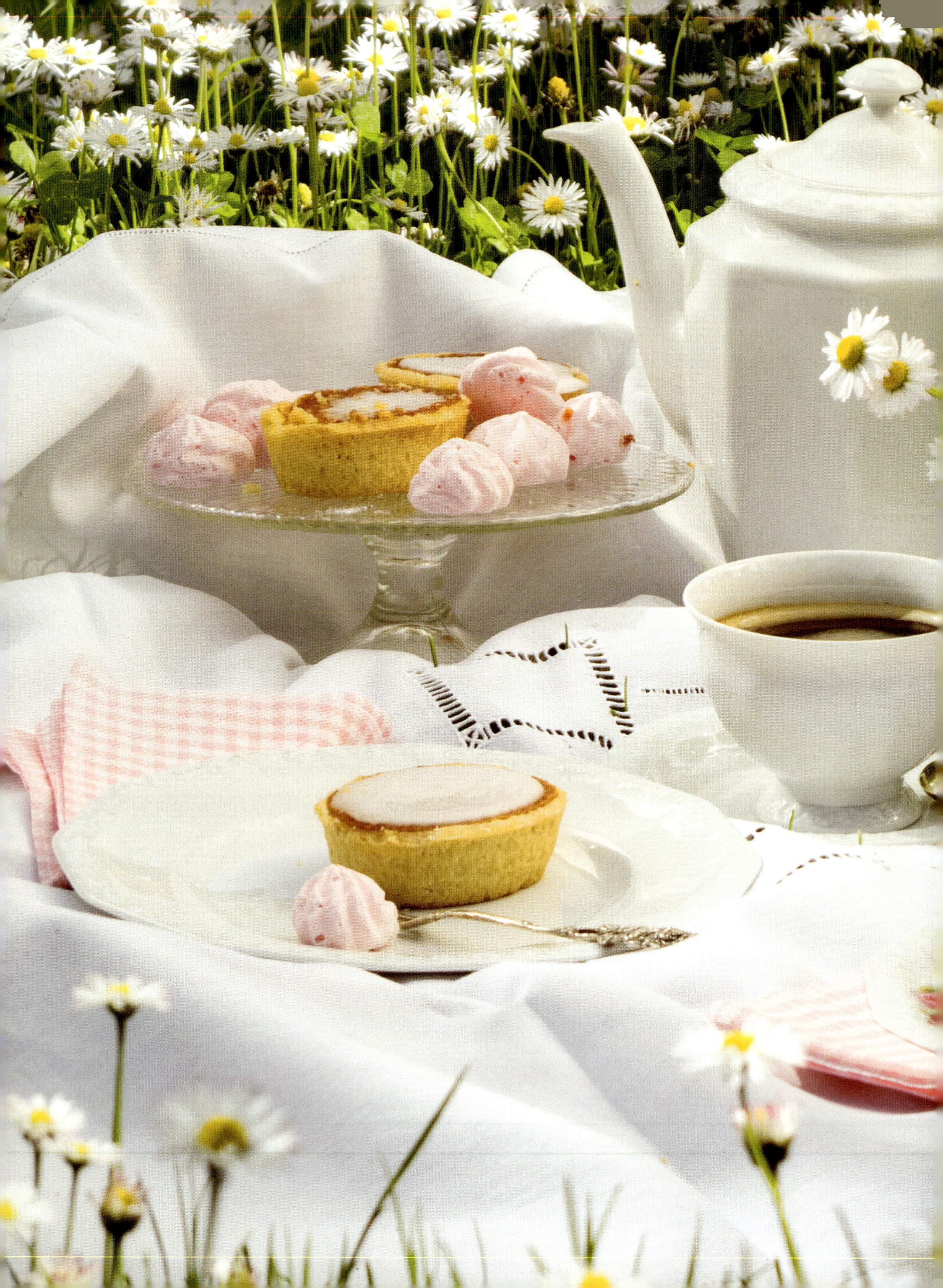

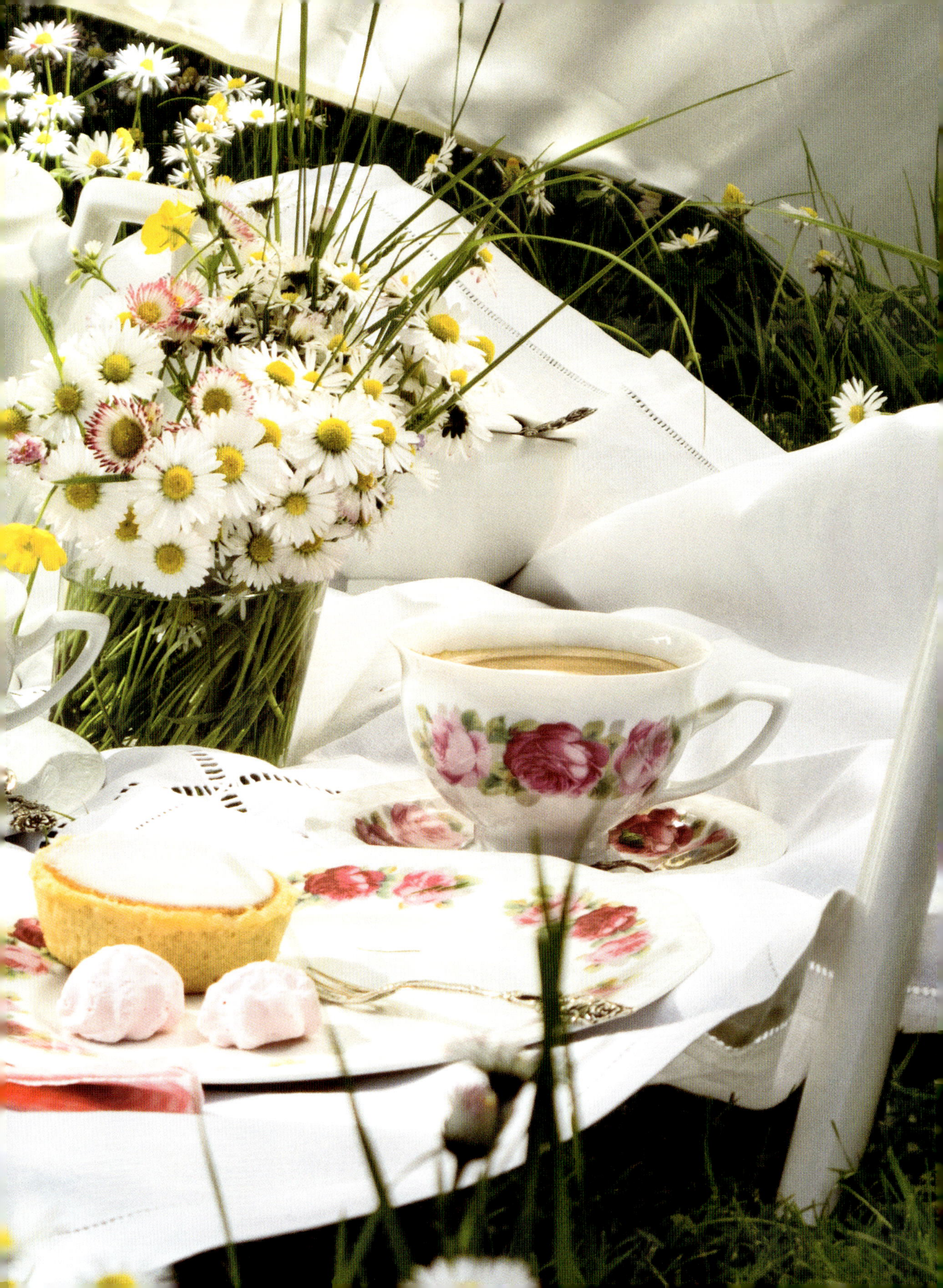

Husch ins Körbchen! Tipps fürs Ernte-Picknick

Ein Picknick im eigenen Garten – das könnte ein wenig gewollt wirken. Wozu hat man Gartentisch, Bank, Stühle? Andererseits, es gibt so Momente ... Zum Beispiel, wenn die roten Johannisbeeren überreif sind, die schwarzen sich auch schon anschicken, bald von den Rispen zu fallen, wenn die Himbeeren dick am Strauch hängen, die Kräuter in Blüte stehen und die Kirschen bald schon ganz rot werden. Hilfe! Wie soll ich das alles alleine bewältigen? Früchte pflücken, von den Rispen streifen, sortieren, entsteinen, einmachen, alles zur gleichen Zeit? Und dann auch noch in die Arbeit gehen. Und die Kinder versorgen. Und sonst hab ich ja auch noch etwas tun! Ach je ...

Genau das ist der Moment für ein Picknick im eigenen Garten. Laden Sie Freundinnen und die nette Nachbarin ein. Legen sie ein paar Decken parat, richten Sie ein nettes Büffet her, machen Sie sich's und den Gästen einfach. Und schon geht's los mit dem entspannten Erntefest im Grünen!

SPITZE SCHREIE: *Nein, wo hast du die denn her, die sind ja süß!* Zugegeben, ökologisch korrekt ist das nicht, aber: Geschenkt! Erntepicknick ist nicht alle Tage. Und weil man da eine Ausnahme machen darf, servieren wir heute auf charmantem Partygeschirr aus England. Coole Pappe. Verspieltes Design. Sieht fast unverschämt echt aus (siehe Bezugsquellen).

EINGEMUMMELT: Fleece-Decken kann man nie genug haben. Legen Sie sich ruhig einen Vorrat zu, in vielen bunten Farben. Die Decken braucht man bei dem, was sich bei uns Sommer nennt, sowieso alle Tage. Und beim Erntepicknick kann man sich's damit auf dem Rasen bequem machen. Dann werden Johannisbeeren gezupft und Kirschen entsteint. Flecken? Fleece wird nach dem Waschen in Windeseile trocken!

NETT, DASS DU DARAN GEDACHT HAST! Geerntet wird, wenn die Sonne scheint. Da ist es eine nette Geste, wenn Sie für Ihre Erntehelferinnen eine Sonnenschutzcreme bereitstellen. Praktischerweise eine, die auch für Allergikerinnen geeignet ist. Oder Sie verschicken eine Einladung zum Erntepicknick und legen für jede gleich eine Probetube Sonnenschutz bei. Wichtig auch: Mückenspray!

EINEN KORB GEBEN: Eins ist sicher, die nächste Ernte kommt bestimmt. Da lohnt es sich, ein paar schöne Körbe zu kaufen, die für diesen Zweck jedes Jahr wiederverwendet werden. Es ist einfach angenehmer, das Erntegut in einen handlichen Korb zu legen statt in einen Plastikeimer. Und besser für die Früchte ist es allemal.

WASSER SCHMECKT NACH NICHTS? STIMMT NICHT! Stellen Sie verschiedene Karaffen mit frischem Wasser bereit. Geben Sie in jede Glaskanne etwas von den herrlichen Dingen, die geerntet werden: In die eine einen Zweig Basilikum, in die andere eine Rispe Johannisbeeren. Oder Himbeeren, Holunderblüten, Walderdbeeren am Blatt. Oder frische Minze! Gehen Sie einfach mal durch Ihren Garten und lassen Sie sich inspirieren, was alles in einer Wasserkaraffe hübsch aussehen würde. Das schmeckt und erfreut das Herz. Aber: vorher abbrausen, natürlich.

HILFE VON OBEN: Wussten Sie, dass man früher Kräuter und Gewürze verwendete, um für Erntesegen zu bitten? Vor allem junge Knoblauchknollen, frischer Dill und Wiesenkümmel galten als Glücksbringer bei der Feldarbeit und Ernte. Man steckte sich ein paar Zweige hinters Ohr oder in die Schürzentasche. Oder man zündete vor der Ernte ein Kräuterbüschel an – als aromatisches Räucherwerk, das Gewitter und Ernteschäden abhalten sollte. Sie können solch kleine Glückskräuterbüschel selber binden. Nehmen Sie ein hübsches Bändchen dafür. Und stecken Sie ruhig eine frische Knoblauchknolle hinein.

ERNTEDANK: *Danke, ihr Lieben, ohne euch hätte ich das nie geschafft!* Zum Abschied bekommt jede Erntehelferin ein hübsches Körbchen, ausgelegt mit einem Küchentuch. Darin liegen Johannisbeeren, Himbeeren, Kirschen. Was auch immer Sie geerntet haben. Und dazu: für jede ein kleines Glückssträußchen mit Erntesegenkräutern. Zum Aufhängen und Trocknen – oder gleich in der Küche verwenden.

Rezeptvorschläge fürs Ernte-Büffet

Ein stilvolles Picknick auf der Insel sieht auch heute noch eher wie eine barocke Festtafel aus. Tupperware und ein paar Sandwiches? Aber nicht doch! Es wird aufgetischt, dass die Wolldecke Wellen schlägt: Braten, Pasteten, pikante Tartes, Salate, Früchte, Törtchen. Ein bisschen was von dieser Opulenz darf ruhig auch auf unserem Erntepicknick-Büffet durchschimmern.

Und was gehört sonst noch dazu? Dreierlei, meine ich: Zutaten, die gerade Erntesaison haben. Speisen, die den Sommer in sich tragen. Und Gerichte, bei denen für Vegetarierinnen wie für Fleischfreundinnen etwas dabei ist. Auf dieser Grundlage habe ich die Rezepte für mein Erntepicknick-Büffet entwickelt: mit Kräutern und viel Sonnenaroma. Ach, eines noch: Ernten macht Appetit. Da darf ruhig auch mal Butter bei die Fische!

Potted Shrimps

Ein englisches Kochbuch des siebzehnten Jahrhunderts brachte mich auf die Idee zu diesem Rezept. Potted Shrimps sind ein Klassiker der englischen Küche. Meeresfrüchte und Krustentiere waren dort einst Armeleute-Essen. Und da man keine Kühlschränke kannte, konservierte man den Fang mit Schmalz. Meine Variante ist mit Butter. Dazu gibt's Vollkorntoast und frische Kresse und Sprossen.

FÜR EINE FORM
VON CA. 400 ML FASSUNGSVERMÖGEN

- 250 g Süßrahmbutter
- 150 g grätenfreies Filet von frischgeräuchertem Fisch (z. B. Saibling)
- 200 g Garnelen in Lake
- ½ Bund frischer Dill
- feines Meersalz, Chilipulver
- Schale ½ Bio-Zitrone
- 1 Zweig Dill

50 Gramm Butter in einem Topf bei milder Hitze schmelzen. Die restliche Butter mit dem Handrührer schaumig schlagen. Das Fischfilet zerzupfen und mit einem Holzlöffel unter die schaumige Butter rühren. Mit Salz, Zitronenschale, etwas Chilipulver und feingehacktem Dill abschmecken.

In die Form füllen und glattstreichen. Die abgetropften Garnelen fächerförmig auf der Butter verteilen. Die flüssige, lauwarme Butter esslöffelweise darüber träufeln. Mit einem Dillzweig belegen, mit Klarsichtfolie abdecken, in den Kühlschrank stellen. Je nach Außentemperatur die Potted Shrimps vor dem Servieren rechtzeitig aus dem Kühlschrank nehmen – sie sollten angenehm streichfähig sein.

Brunnenkresse-Portulak-Salat

Dieser Salat passt zu den Potted Shrimps und zur Zwetschgen-Stilton-Tarte.

- frische Brunnenkresse & Portulak (so viel, wie in eine Salatschüssel passt)
- 6 TL Apfelessig
- 1 TL Waldhonig
- feines Meersalz
- 2 EL Zitronen-Olivenöl
- 5 EL Olivenöl
- ein paar ungespritzte Kapuzinerkresse-Blüten aus dem Garten

Brunnenkresse und Portulak säubern, waschen, kurz trockenschleudern. Aus den restlichen Zutaten eine Vinaigrette rühren. Kurz vorm Servieren mit dem Salat mischen. Mit Kapuzinerkresse-Blüten dekorieren.

Zwetschgen-Stilton-Tarte mit Walnüssen

Eine Freundin von mir stammt von einem Bauernhof. Sie ist schon über achtzig und macht trotz ihres Alters die Früchte aus dem Garten jedes Jahr selber ein. Zwetschgen dörrt sie im Ofen. Genau die braucht man für diese leicht zu machende, raffinierte Tarte (frische Zwetschgen wären zu saftig, gekaufte Dörrpflaumen zu trocken).

FÜR EINE SPRINGFORM VON 26 CM DURCHMESSER

- 300 g Zwetschgen, gewaschen, halbiert, entsteint
- 1 Rolle TK-Dinkelblätterteig
- 200 g Rahmfrischkäse
- 1 Eigelb
- 1 EL frische Thymianblätter
- 1 Handvoll Walnusskerne
- 150 g Stilton (englischer Blauschimmelkäse)
- 1 EL Quittengelee
- Schwarzer Pfeffer aus der Mühle

Zwetschgen auf einem Backblech auf Backpapier bei 100 °C ca. 3 Stunden leicht dörren (dabei einen Spalt der Ofentür offen lassen). Die Dörrzwetschgen über Nacht auskühlen. Springform mit Backpapier auslegen, mit dem Blätterteig auskleiden. Frischkäse mit Eigelb glattrühren, mit Thymian würzen; die Käsecreme auf dem Teig verteilen. Dörrpflaumen ringförmig auf den Frischkäsebelag legen, leicht andrücken.

Tarte bei 180 °C ca. 45 Minuten backen (Ober- und Unterhitze). Nach 45 Minuten herausnehmen, die Walnüsse in kleine Stücke brechen, den Stilton grob zerbröseln, beides auf den Zwetschgen verteilen. Quittengelee darüber träufeln. Tarte nochmals 10 Minuten bei Unterhitze fertig backen. Vor dem Servieren mit frisch gemahlenem Schwarzen Pfeffer würzen.

Dundee Roast (Kalbsrollbraten mit Orangen)

Die schottische Hafenstadt Dundee gilt als Ursprungsort der Orangenmarmelade. Im achtzehnten Jahrhundert wurden hier tonnenweise Orangen und Rohrzucker aus den Überseeplantagen in Jamaica angeliefert. Das bitterherbe Aroma der Orangenschalen harmoniert wunderbar mit zartem Fleisch. Zusammen mit getrockneten Tomaten und Rosmarin entsteht daraus ein echter Sommerbraten – eines meiner Lieblingsgerichte.

GARZEIT:
CA. 5 STUNDEN BEI NIEDRIGTEMPERATUR

- 2 kg Kalbsnackenbraten, vom Metzger zum Einrollen vorbereitet
- Küchengarn
- 2 große Zweige Rosmarin
- 6 Stengel Basilikum
- 10 Frühlingszwiebeln, küchenfertig geputzt
- 15 getrocknete Tomatenhälften in Öl
- 1 ½ EL Gojibeeren
- 7 TL Bitterorangenmarmelade
- 2 EL Zitronenolivenöl
- 1 Espressolöffel frischer, feingehackter Ingwer
- 1 Espressolöffel Harissapaste
- 1 Espressolöffel feingehackte, frische Chilischote
- feines Meersalz
- Olivenöl fürs Bratenblech

Ich lasse das Fleischstück vom Metzger so schneiden, dass man es leicht füllen und rollen kann. Fleisch waschen, trockentupfen und flach ausbreiten. Von einem Rosmarinzweig die Blätter abstreifen, fein hacken. Basilikum kurz abbrausen, trockentupfen, mit den Stengeln fein hacken. Frühlingszwiebeln, getrocknete Tomaten und Gojibeeren ebenfalls fein hacken. Orangenmarmelade und Zitronenöl verrühren, mit den feingehackten Zutaten, den Gewürzen und Kräutern zu einer Paste verrühren.

Fleisch salzen, mit der Paste bestreichen, aufrollen und mit Küchengarn binden. Dabei den zweiten Rosmarinzweig unter das Garn schieben. Rollbraten auf ein mit Oliven bestrichenes Backblech legen (ein Blech mit erhöhtem Rand ist ideal, um den Bratensaft aufzufangen). Oberseite des Bratens mit der Marinade bestreichen, die beim Aufrollen seitlich rauslief.

Braten bei 100-125 °C Ober- und Unterhitze (keine Umluft!) ca. 5 Stunden langsam garen, dabei ab und zu mit dem austretenden Bratensaft beträufeln. Wenn das Fleisch mürb ist (das kann, je nach Ofen, schon nach 4 oder auch erst nach 5 ½ Stunden sein) bei 80 °C noch eine Viertelstunde im Ofen ruhen lassen, dann servieren. Dazu passt Baguette oder mediterranes Landbrot und der gebratene Radicchio.

Gebratener Radicchio

Ein herrliches Sommergemüse. Schmeckt auch solo, mit etwas Brot als Abendessen. Super auch als Mitbringsel zur Grillparty.

FÜR 6 BIS 8 PORTIONEN

- 4 Radicchio Trevisano (Radicchiosorte mit länglichen Blättern; runder Radicchio geht aber auch)
- Olivenöl zum Braten
- Fleur de Sel
- Schwarzer Pfeffer, frisch gemahlen

Radicchio kurz abbrausen, trocken tupfen, Strunk abschneiden, Radicchio vierteln. Öl in einer Pfanne erhitzen, Radicchioblätter nacheinander goldbraun braten, auf eine Platte legen, mit Fleur de Sel und Pfeffer würzen, lauwarm servieren.

Schoko-Lavendel-Praliné-Tarte

In meiner Nähe gibt es eine Confiserie, die Lavendel-Cassis-Trüffel herstellt. Sie schmecken wunderbar – nach Spätsommer im Süden, wenn die Mittelmeerkräuter immer würziger und trockener werden. Mit diesem Traum im Kopf entwickelte ich das Rezept für die Tarte.

FÜR EINE TARTEFORM
VON 26 CM DURCHMESSER

- 250 g Mehl
- 125 g kalte Butter
- eine gute Prise Salz
- 60 g feinster Backzucker
- 1 EL kalter Weißwein
- 1 EL kaltes Wasser
- trockene Bohnen, Erbsen oder Linsen zum Blindbacken

PRALINÉCREME:
- 200 g dunkle Schokolade (85 % Kakaoanteil)
- 200 ml Sahne
- 3 frische Lavendelblütenzweige
- 1 gehäufter EL Puderzucker
- 40 g Süßrahmbutter
- 200 ml schwarzer Johannisbeer-Direktsaft (ungesüßt)
- 1 EL Cassislikör
- 3 gestrichene EL feinster Backzucker
- 1 Päckchen Tortenguss, klar
- Lavendelblüten zum Dekorieren

Aus Mehl, Butter, Salz, Zucker, Wein und Wasser rasch einen Tarteteig kneten, in Folie wickeln, im Kühlschrank ein bis zwei Stunden ruhen lassen. Zum Backen die gebutterte und bemehlte Tarteform mit dem Teig auskleiden. Teig mit der Gabel mehrmals einstechen, Backpapier auf den Teig legen, trockene Erbsen, Bohnen oder Linsen zum Blindbacken darauf verteilen.

Bei 180 °C ca. 25 Minuten backen; der Teigrand sollte goldgelb sein. Tarte aus dem Ofen nehmen, Hülsenfrüchte und Backpapier entfernen, auskühlen lassen.

Für die Pralinécreme Sahne in einen Topf geben, Schokolade hinein bröckeln, Lavendelzweige so hineinhängen, dass die Blüten ganz mit Sahne bedeckt sind, die Stiele aber herausragen. Bei milder Wärme (allerkleinste Flamme) die Schokolade langsam in der Sahne schmelzen lassen. Dabei immer wieder kontrollieren, dass der Topf nicht wärmer als lauwarm wird. Ab und zu mit den Lavendelzweigen umrühren – so nimmt die Creme das Lavendelaroma gut an.

Nach einer halben Stunde müsste die Schokolade komplett geschmolzen sein. Ein letztes Mal mit den Lavendelzweigen umrühren, Zweige herausnehmen, abtropfen lassen, entfernen. Die Butter und den Zucker in die Pralinécreme einrühren. Creme auf der ausgekühlten Tarte verteilen.

Johannisbeersaft in einen Topf geben. In einer separaten kleinen Schüssel Zucker, Tortengusspulver und Cassislikör glattrühren. Johannisbeersaft aufkochen, die Cassismischung einrühren, nochmal aufkochen lassen, umrühren, vom Herd nehmen. Den heißen Guss mit einem Esslöffel gleichmäßig auf der Pralinécreme verteilen. Mit Lavendelblüten dekorieren. Bis zum Servieren kühl stellen (nicht in den Kühlschrank).

Goldene Zitronen
Ein Barockfest im Spätsommer

»In der Mitte stand ein gedeckter Tisch
mit Braten, Kuchen, Salat, Obst, Wein und Konfekt,
dass einem recht das Herz im Leibe lachte.«

JOSEF VON EICHENDORFF
Aus dem Leben eines Taugenichts

Im Garten der Hesperiden gibt es nur eine Jahreszeit: Sommer. Immerwährender Sommer. Die Hesperiden sind Nymphen, jungfräuliche Geschöpfe der griechischen Götterwelt. Im Schatten alter Bäume, an denen goldene Früchte hängen, singen und tanzen sie den lieben, langen Tag. Ein Leben in Muße, möchte man meinen, süße, göttliche Langeweile.

Nun ja: so ganz stimmt das nicht. Die Hesperiden haben durchaus eine Aufgabe. Die goldenen Früchte stecken voller Zauberkräfte; sie gehören Gaia, Hera und Zeus und sind dazu ausersehen, den antiken Göttern ewige Jugend zu schenken. Das weckt natürlich Begehrlichkeiten. Unterstützt von einem hundertköpfigen Drachen bewachen die Hesperiden den Garten und die Bäume. Niemand darf unbefugt an die goldenen Früchte heran! Dummerweise taucht eines Tages Herakles auf. Er überlistet den Drachen und nimmt die goldenen Früchte an sich. Herakles ist bekannt dafür, das Unmögliche möglich zu machen.

Bis heute gehen die Anzahl der Nymphen wie auch ihre Namen in der volkstümlichen Überlieferung der Sage etwas durcheinander. Genauso ungewiss war lange auch die Antwort auf die Frage, was es mit den sagenhaften goldenen Früchten genau auf sich hat. Erst glaubte man, es müssten Granatäpfel gewesen sein, dann nahm man an, es habe sich um Äpfel gehandelt. Erst im Barockzeitalter nahmen die Früchte deutliche Konturen an. Auf Gemälden und an Skulpturen zeigte sich nun ihre wahre Natur: Es sind Zitrusfrüchte. Pomeranzen (Bitterorangen) möglicherweise, wahrscheinlicher jedoch: Zedratzitronen – jene leuchtend gelben, ausnehmend großen Zitronen mit dickfleischiger, zerfurchter, hocharomatischer Schale, aus der man Zitronat machen kann. Die jüdische Überlieferung kennt diese Zitronen unter dem Namen *Etrog* – in der Symbolik des Laubhüttenfests kommt ihnen eine besondere Bedeutung zu.

Kennst du die Sprache der Zitronen?

Das Barockzeitalter liebte die Sprache der Bilder. Es war die Zeit der Gegenreformation und des absolutistischen Herrscherkults. Eine Epoche, in der alles zum Zeichen werden konnte, in der höfischen Malerei und Architektur sowieso, aber auch in allen anderen schönen Künsten – insbesondere in der Kunst der Festgestaltung. Farben, Dinge, Szenerien, Räumlichkeiten verwiesen nun auf etwas Höheres, Größeres: Macht. Göttlichkeit. Das Barockzeitalter verehrte die Zitrone, weil es in ihr die goldene Frucht des Paradieses sah, die greifbar gewordene Repräsentantin eines Zeitalters der Unschuld und Reinheit. Damit verbunden war auch die Vorstellung von Fruchtbarkeit, ewiger Jugend und letztlich: Unsterblichkeit.

Nicht nur Gottkönige wie August der Starke oder Ludwig XIV. setzten die Symbolsprache der Zitrone bewusst ein, auch die Volksfrömmigkeit kannte Rituale und Bräuche rund um die Zitrone. Man schenkte Brautleuten Zitronen zur Hochzeit, legte Verstorbenen eine Zitrone ins Grab – Bräuche solcher Art wurden in manchen deutschen Regionen bis in die 1950er Jahre hinein gepflegt.

Man stelle sich nun vor: Jemand besitzt in solch bildgewaltigen, wundergläubigen Zeiten einen Garten, in dem Pomeranzen- und Zitronenbäume wachsen. Und das in einem Klima, in dem solch sensible Pflanzen von Natur aus nicht vorgesehen sind. So etwas kann nur in einem Zaubergarten funktionieren, mag sich das Volk des Barock gedacht haben. Erzählungen machten die Runde: von mirakulösen Gebäuden innerhalb des Schlossareals, durchsichtigen Bauwerken, in denen wundersame Dinge vor sich gingen. Goldene Früchte würden dort wachsen, erzählte man sich. Weil selbst im Winter in diesen Räumen Sommer sei.

Im Barock entwickelte sich die Orangerie zum kunstvollen Bauwerk. Sie diente als Guckkasten in die Welt der goldenen Früchte, als Tresor für einen symbolischen Schatz. Die Sonnenkönige mögen sich wie Herakles vorgekommen sein, wenn sie durch ihre Orangerien lustwandelten und die Sammlung der kostbaren Apfelsinen- und Zitronenbäume in Augenschein nahmen. Sie brauchten dafür keinen hundertköpfigen Drachen zu überwinden – sie konnten sich die goldenen Früchte der Unsterblichkeit für viel Geld kaufen.

So viel Macht und Glück zu besitzen, musste gefeiert werden. Alle Welt sollte sehen, welch großartige goldene Früchte sich der König leisten konnte. Die Orangerien des Barock waren prächtige Festsäle. Die hohen Fenster gaben den Blick auf den Schlossgarten frei. Bankett-Tische wurden hereingetragen, auf Etagèren und Tafelaufsätzen türmten sich Pomeranzen und Zedratzitronen zu kunstvollen Pyramiden, überall duftete es nach Orangen- und Zitronenblüten, Lakaien trugen Schüsseln herbei: Kalbskopf in Zitronensauce, Tartuffeln mit Limonen, Hecht mit Zitronentunke. In der Festsymbolik des Barock war die Zitrone sprechendes Dekor. Wer unter ihren Bäumen feiern, tanzen und tafeln durfte, für den war das Leben ein Fest. Immerwährender Sommer.

»Wir wollen uns den grauen Tag
Vergolden, ja vergolden!«

THEODOR STORM
Oktoberlied

Rezepte für das Barock-Büffet

Wer sagt, es gäbe keine Wunder? Das hier könnte eines sein, wenigstens ein kleines. Eine Lösung für die Herkulesaufgabe: Wie schmeiße ich eine unvergessliche Party – mit möglichst wenig Aufwand? Einfach so: indem Sie es den Barockmalern gleichtun. Bereiten Sie ein Büffet wie ein Stillleben zu. Mit Zutaten, die sich in ihrer natürlichen Schönheit präsentieren, üppig, prall, zum Reinbeißen: Früchte, Gemüse, Nüsse, Gewürze, Kräuter – und in der Mitte prangt ein köstlicher Laib Parmesan. Er trägt seinen Teil dazu bei, dass Sie für diese Party nur wenig vorbereiten müssen. Die Gäste stellen sich ihre Speisen an der Tafel nach eigenem Gusto zusammen. Hauptgericht und Dessert bereiten sie sich am Büffet ebenfalls selber zu.

Und hier das Menü:

Verdure al limone – Sommergemüse in Amalfi-Zitronen-Marinade
Mediterranes Landbrot, Olivenöl, Fleur de Sel
Salzmandeln, grüne Oliven, Basilikum im Topf

*

Pasta im Parmesanlaib
Süßrahmbutter
Amalfi-Zitronen, Basilikum, schwarzer Pfeffer, Muskatnüsse, Kapern

*

Barock'n'Roll-Kuchen (Eierlikörkuchen mit Anis)
Pistaziensahne
Weiße und gelbe Pfirsiche, Feigen, Birnen, rote und weiße Trauben
Walnüsse in Honig
Süßwein

*Mediterranes Landbrot, Salzmandeln,
grüne Oliven, Olivenöl, Fleur de Sel,
frisches Basilikum im Topf*

Das Brot am Stück auf einem Holzbrett präsentieren, mit einem Küchentuch umwickeln (zum besseren Angreifen beim Schneiden), Brotmesser dazu legen. Frisches Basilikum und die anderen Würzzutaten schmecken zum Brot, zum Parmesan, zum Zitronengemüse (im Topf bleibt das Basilikum den ganzen Abend frisch).

Verdure al limone – Sommergemüse in Amalfi-Zitronen-Marinade

Auf barocken Stillleben begegnen sie uns: Kürbisse und Karotten, Rüben und Lauch. Kartoffeln, Paprika und Tomaten waren damals nicht üblich. Sie wurden in Amerika entdeckt und brauchten ein paar Jahrhunderte, bis sie sich bei uns einbürgerten. Deshalb tauchen sie in diesem Gemüsegericht nicht auf. Das Wichtigste an dem Rezept sind die Amalfi-Zitronen! Zitronen und Pomeranzen waren die Lieblingsfrüchte des Barock.

Kleiner Tipp zum Genießen: Das Gemüse schmeckt am besten lauwarm. Man kann es am Tag vorher zubereiten und kurz vorm Servieren bei 80 °C im Ofen erwärmen. Am Büffet nimmt sich jeder Gast zum Gemüse, was er mag: frisches Basilikum, Olivenöl, Fleur de Sel, Salzmandeln, Oliven oder Parmesanstückchen.

FÜR 4 PERSONEN
(JE NACH GÄSTEZAHL EINFACH UMRECHNEN)

- 2 Stangen Lauch
- 3 kleine Zucchini
- 5 große Karotten
- ½ Hokkaido-Kürbis
- 3 Amalfi-Zitronen (beim Händler danach fragen oder: siehe Bezugsquellen)
- 5 EL Olivenöl
- 2 TL Roh-Rohrzucker (brauner Zucker aus Zuckerrohr)
- Meersalz, Mandarinensalz (siehe Bezugsquellen)
- flache Auflaufform

Lauch putzen, waschen, in 5 cm lange Stücke schneiden; Zucchini waschen, Strunk entfernen, Zucchini schräg in 2 cm dicke Stücke schneiden, beides in die Auflaufform legen. Karotten schaben, schräg in 0,5 cm dicke Scheiben schneiden; Kürbis abbrausen, halbieren, Strunk, Kerne und Fasern entfernen, einen halben Kürbis in mundgerechte Stücke schneiden. Erst die Karotten, dann die Kürbisstücke mit etwas Wasser und Salz im geschlossenen Topf dünsten (Karotten: 3 Minuten, Kürbis: 8 Minuten). Anschließend Karotten und Kürbis abgetropft zum restlichen Gemüse in die Form geben.

Zitronen kurz heiß abbrausen, mit Küchenkrepp trocken tupfen. Schale abreiben und in einer Schüssel mit dem Saft von 2½ Zitronen mischen. Mit Roh-Rohrzucker und Meersalz abschmecken. Marinade über das Gemüse gießen, die restliche halbe Zitrone in Scheiben darauf legen. Bei 175 °C im Ofen 20 Minuten garen. Nach dem Herausnehmen etwas Mandarinensalz und Olivenöl darüber geben.

Pasta im Parmesanlaib

Unlängst bummelte ich durch einen Teil Münchens, in dem ich längere Zeit nicht mehr war. Dabei fiel mein Blick auf ein Geschäft, dessen Schaufenster mich magisch anzogen. Es war ein Bio-Laden, der Gemüse, Früchte und Käse vornehmlich aus Sizilien und Sardinien anbot. Die Käselaibe, Kaktusfeigen, Trauben, Birnen, Quitten und Amalfi-Zitronen hatten eine eigentümliche Ausstrahlung: nicht glatt und glänzend, sondern urwüchsig und faszinierend nostalgisch. Ihr Anblick war wie eine Reise mit der Zeitmaschine an die Speisetafel einer wohlhabenden Kaufmannsfamilie des siebzehnten Jahrhunderts. Damit war die Idee für das Barockbüffet geboren. Und ich wusste: Ein Käselaib muss dabei die Hauptrolle spielen.

FÜR EINE GRÖSSERE PARTYGESELLSCHAFT

- ½ Laib Parmesan oder Grana Padano, quer geschnitten, am Stück (kann man in italienischen Feinkostläden bestellen; kostet auch nicht wesentlich mehr als Fleisch und Fisch bester Qualität für eine größere Gruppe von Leuten)
- Süßrahmbutter
- Frische Pasta (z. B. Spaghetti oder Taglierini)
- Parmesanmesser
- Gewürze im Ganzen: schwarzer Pfeffer, Muskatnüsse, Amalfi-Zitronen
- Mörser, Muskatreibe, Zitrusreibe
- Holzlöffel, Pastagabel

Den Parmesanlaib bis zum Gebrauch mit einem Tuch bedecken. Eine halbe Stunde vor der Party mit dem Parmesanmesser gröbere Stücke aus der Mitte des Laibs herausbrechen, bis eine Kuhle entsteht. Die Parmesanstücke neben dem Zitronengemüse präsentieren – sie schmecken zur Vorspeise und als Knabberei vorneweg. Butter sowie Pfeffer, Muskat und Amalfi-Zitronen (gewaschen und trocken getupft) mit Mörser und Reiben bereithalten.

Nudeln kochen und tropfnass und heiß portionsweise in die Käsemulde geben, etwas Butter dazu und einige Parmesanstückchen – und dann kräftig rühren (am besten mit einem Holzlöffel), bis sich eine sahnige Käsecreme um die Nudeln legt. Sofort servieren und mit den Gewürzen nach Belieben abschmecken.

Was vom Parmesan übrig bleibt, kann man portionsweise einfrieren. Die Anschaffung des Laibs lohnt sich – man hat noch Wochen danach etwas davon!

Barock'n'Roll-Kuchen (Katjas Eierlikörkuchen)

Bei Lesungen werde ich öfter gefragt, wie wohl die Kuchen früherer Epochen geschmeckt haben. Sie wurden teilweise mit bis zu 30 Eiern und mehr gebacken und mit Gewürzen aromatisiert, die wir heute nur noch mit Weihnachten verbinden. Meine Guglhupf-Version für das Barockfest knüpft daran an: Der Kuchen erinnert wegen des Eierlikörs an die einstigen Eierorgien, kommt unglaublich locker daher und kann einem auch sonst durchaus den Kopf verdrehen. Sehr köstlich dazu: Obstsalat und Pistaziensahne.

- 6 Eier
- 1 Päckchen Bourbon-Vanillezucker
- 1 gute Prise Salz
- Schale ½ Bio-Zitrone
- 1 TL Zitronensaft oder Bergamottesirup (siehe Bezugsquellen)
- 180 g feinster Backzucker
- 250 ml Eierlikör
- 125 ml geschlagene Sahne
- 125 ml neutrales Speiseöl (zum Beispiel Raps- oder Sonnenblumenöl)
- 250 g Mehl
- 1 Tüte Backpulver
- 1 TL Anissamen
- ganze, geschälte Mandeln für die Form
- Guglhupfform (buttern und mit Mehl ausstreuen)

Ofen auf 180 °C vorheizen. Je eine ganze, geschälte Mandel in die Vertiefungen der gefetteten und gemehlten Guglhupfform legen. Eier trennen. Eigelb mit Vanillezucker, Salz, Bergamottesirup und Zitronenschale mit dem Handrührer schaumig schlagen, dabei den Zucker langsam einrieseln lassen (2 EL Zucker für das Eiweiß zurückbehalten). Die Masse sollte dickcremig und weißlich werden, das dauert gute fünf Minuten.

Eiweiß mit dem restlichen Zucker steifschlagen, Sahne ebenso steifschlagen. Den Eierlikör mit dem Schneebesen in die Teigcreme rühren. Dann die Sahne ebenfalls mit dem Schneebesen vorsichtig unterheben und schließlich das Öl in feinem Strahl langsam einrühren. Ein Drittel vom steifgeschlagenen Eiweiß unterrühren. Mehl mit Backpulver dazu sieben, mit dem restlichen Eischnee vorsichtig unterheben. Zum Schluss die Anissamen einrühren.

Im vorgeheizten Ofen ca. 55 Minuten backen (Stäbchenprobe machen). Fünf Minuten im Ofen ruhen lassen, dann sofort stürzen und unter einem Küchentuch auskühlen lassen. Mit Puderzucker bestäuben.

Pistaziensahne

Effektvoll zum gelben Kuchen: lindgrüne Pistaziensahne. Die ist so simpel, dafür braucht man kein Rezept. Einfach ein paar geschälte, ungesalzene Pistazien mahlen und unter die geschlagene, leicht gesüßte Sahne heben. Die Pistazienmenge hängt von der Sahnemenge ab – ich rechne 50 g ungemahlene Pistazien auf einen Becher Schlagsahne (200 ml).

Mediterraner Obstsalat

Die Früchte werden im Ganzen präsentiert. Vorher werden sie gewaschen und trockengetupft. Besonders schön sieht es aus, wenn Sie Früchte nehmen, bei denen die Stiele und Blätter intakt sind. Das wirkt barockiger!

- weiße und gelbe Pfirsiche, Weinbergpfirsiche
- kleine Birnen und Äpfel
- weiße und rote Trauben
- frische Feigen
- Amalfi-Zitronen (da sind die Blätter und Stiele in der Regel dran)
- Süßwein (zum Beispiel Vin Santo)
- Walnüsse in Honig (kann man selber einlegen)
- Obstmesser, Zitruspresse, Schneidebrett

Jeder Gast stellt sich seinen eigenen Obstsalat her. Aromatisiert wird mit frisch gepresstem Zitronensaft, frisch geriebener Zitronenschale oder Süßwein. Die Honignüsse gibt's on top!

So gelingt das barocke Büffet

Der Augenschmaus besteht darin, die Speisen möglichst im Naturzustand zu präsentieren. Also ganze Früchte, Gemüse und Gewürze zu verwenden – und Utensilien wegzulassen, die es früher nicht gab, zum Beispiel Pfeffermühlen. Am besten arrangieren Sie alles auf unterschiedlich hohen Platten und Etagèren – das ergibt eine reizvolle Perspektive.

AMALFI-ZITRONEN: Immer häufiger werden diese unbehandelten italienischen Zitronen auch bei uns in gut sortierten mediterranen Feinkostläden angeboten. Amalfi-Zitronen haben eine unvergleichlich kräftigere, aromatischere Schale als herkömmliche Zitronen aus dem Supermarkt. Nicht umsonst macht man aus ihnen Limoncello. Der wird wesentlich vom ätherischen Öl geprägt, das in der Schale dieser Zitronen steckt. Im Vergleich zu ihrem spritzigen, sonnigen Aroma wirkt Zitronensaft dagegen wie ein Witz.

BAROCK BEDEUTET: BIO! Auch wenn Sie sonst vielleicht nicht auf Bioware schwören – machen Sie im Falle des Barockfests keine Kompromisse! Es soll ja ein Fest werden, bei dem Sie und Ihre Gäste das Gefühl haben, ein wenig in die Zeit zu reisen. Die barocke Landwirtschaft (und nicht nur die) kannte keine Pestizide, Herbizide, Fungizide. Keinen Industriedünger, der den Ackerfrüchten eine Größe und Farbe beschert, die so nicht unbedingt von der Natur vorgesehen ist. Auf barocken Stillleben sieht man Persönlichkeiten: krumme, kleine, narbige, schiefgewachsene Früchte und Gemüsesorten. In Farben, die gedämpfter, natürlicher, weicher wirken als die des heutigen Massengemüses. Bioware kommt diesem ursprünglichen Charme recht nahe. Sie wirkt nicht nur dekorativer. Sondern schmeckt auch besser.

PINAKOTHEK ALS INSPIRATION: Länger nicht mehr in der Gemäldegalerie gewesen? Stillleben im Original zu sehen, bringt Sie auf Ideen. Lassen Sie sich ruhig davon inspirieren – Ihnen kommen sicher noch weitere Gestaltungs- und Rezeptvorschläge in den Sinn!

AUF SAMT GEBETTET: Als Tischunterlage eignet sich eine Samtdecke; sie erinnert an die kostbaren Teppiche, die bis in die Frühe Neuzeit bei besonderen Gelegenheiten als Tischtuch dienten. Wählen Sie eine warme, dunklere Farbe, etwa ein Tannengrün, Bordeauxrot oder Cognac. Geldbeutel schonend: Meterware aus der Stoffabteilung von Warenhäusern.

WOHLRIECHENDES WASSER: Bei Barocktafeln musste früher alles duften, am besten nach Rosen und Moschus. Stellen Sie Ihren Gäste Schalen mit Wasser bereit, das mit ätherischen Ölen aromatisiert wurde, etwa mit Zitronenverbenen- oder Rosenöl. Streuen Sie Rosenblätter darauf. Oder legen Sie Zitronenscheiben hinein. Das Wasser dient zum Säubern der Hände nach dem Obstschälen.

SAG'S MIT BLUMENKOHL: Im Barock nutzte man Gemüse als Tischschmuck. Mangold galt als hochdekorativ, aber auch Blumenkohl oder Artischocken. Arrangieren Sie Glasvasen mit gelb- und rotstieligem Mangold und Deko-Schalen mit Gemüse, etwa Zierkürbissen, Artischocken oder Rüben. Legen Sie immer mal wieder auch eine Amalfi-Zitrone dazwischen. Und Quitten!

PIFF, PAFF! Natürlich gehört zu solch einem Fest ein gewisser Knalleffekt. Lassen Sie es ordentlich krachen! Händels *Feuerwerksmusik* freut sich, mal zu anderen Zeiten als nur zu Silvester gehört zu werden. Und Tischfeuerwerke kann man das ganze Jahr über bestellen, auch so lustige Dinge wie Zauberkerzen (siehe Bezugsquellen).

BLUMENKRANZ: Was trägt die Dame des Hauses? Sofern Sie keine Party für *beautiful nudes* veranstalten möchten, lassen Sie in diesem Falle ausnahmsweise die Empfehlungen der Barockmaler außer Acht. So oder so macht sich ein Blumenkranz auf dem Kopf sehr hübsch. Am besten einer, der länger als einen Sommer hält (siehe Bezugsquellen).

KOMMT GUT NACH HAUSE! Neben der Erinnerung an ein unvergessliches Fest nehmen Ihre Gäste bestimmt gerne ein Mitgebsel mit. Auch hier ist auf die Tradition Verlass: Zitronen, um die man mit einem hübschen Bändchen einen Zweig Rosmarin wickelte, galten früher als Glücksbringer. Sie standen für ewige Jugend und ein erfülltes Leben. Kann man seinen Gästen etwas Netteres mit auf den Weg geben?

Splish! Splash!
Ein Freibadtag mit Schirm, Charme & Bowle

»Donnerwetter!
Ein Swimmingpool ohne Wasser.
Hübsches Spiel!«

BLAKE EDWARDS
Der Partyschreck, USA 1968

Wasser ist die Seele eines Gartens« meinte der Gartengestalter Friedrich Ludwig von Sckell (1750–1823). Als er das sagte, hatte die Geschichte bereits genügend Hinweise dafür parat, dass diese Seele offensichtlich dazu neigt, übermütig zu werden. Sie kommt auf die verrücktesten Ideen, wenn es darum geht, das Leben im Garten so albern wie möglich zu gestalten. Vor allem die Leute im Barock hatten ein Talent dafür, sich die Möglichkeiten, die das Spiel mit dem Wasser bietet, zu Kopf steigen zu lassen. Sie ließen riesenhafte Fontänen gen Himmel schießen und fanden es possierlich, wenn die Gischt die Turmfrisuren der Hofdamen nassspritzte. Sie ließen sogar – selbst wenn sie ihr Schloss im Schwäbischen oder in einer bayerischen Residenzstadt hatten – venezianische Gondeln auf dem Schlosskanal vom Stapel und machten sich einen Spaß daraus, unter Feuerwerk-Geknalle und großem Hallo darauf in den Schwips geschaukelt zu werden.

Seit dem Barock gelten Wasserspiele als Privileg wohlhabender Spinner. Sei man nun Borgia-Papst, Gentleman-Playboy oder Windsor-Spross in der Selbstfindungsphase – in bestimmten Kreisen gehört es bis heute zum guten Ton, den Überfluss wörtlich zu nehmen und das süße Nichtstun damit zu unterstreichen, dass man sich demonstrativ in ein Poolbecken stürzt und darin von Lust und Laune treiben lässt. Wie spektakulär so etwas ausufern kann, hat niemand vergnüglicher in Szene gesetzt als der Hollywood-Regisseur Blake Edwards. In seinem Filmspaß *Der Partyschreck* mutiert eine sturzlangweilige Dinnerparty zum feuchtfröhlichen Desaster, weil die Sicherungstechnik der Poollandschaft der Gastgeber aus den Fugen gerät. Die komplette Partygesellschaft geht mitsamt einem Elefanten in einem Meer aus Badeschaum unter – ein irrwitziges Amüsement.

It's Partytime!

Der eigene Swimmingpool ist inzwischen etwas aus der Mode. Die Leute geben ihr Geld lieber für einen Urlaub in traumhafter Poollandschaft aus oder für einen Wellnesstag im Day-Spa. Sie sehen vielleicht auch nicht mehr ganz den Sinn darin, kostbare Ressourcen zu verschwenden – für ein Planschbecken, das man sowieso kaum genießen kann, weil inzwischen auch in unseren Breiten im sogenannten Sommer fünf Mal am Tag ein Platzregen alles überspült. Vom Umweltgedanken zu schweigen. Vielleicht liegt es aber auch daran, dass uns das Talent dafür abhanden gekommen ist, den Swimmingpool tatsächlich für das zu nutzen, wofür er erfunden wurde. Zum Schwimmen? Das kann man im See. Zum Partyfeiern!

Wie der private Swimmingpool ist das, was man früher unter einer Party verstand, ebenfalls komplett aus der Mode. Zu einer guten Party gehörte einmal, dass man es sich erlaubte, nicht an den Morgen zu denken. Bevor man am Büffet zuschlug, verschwendete man keinen Gedanken daran, ob der Cognac, mit dem die Crêpes Suzette flambiert wurden, sich wirklich vollständig verflüchtigt hatte. Man reservierte die Roibushtee-Ingwer-Limo damals ausschließlich für den Kindergeburtstag. Man scherte sich einen Kehricht darum, ob die Häppchen, die man vom Tablett fischte, laktose-gluten-oder-sonstwie-komplett-entkernt seien. Man meckerte nicht gleich los, wenn sich am Stehtisch gegenüber der Gentleman eine Pfeife oder Zigarre anzündete. Man guckte auch nicht indigniert, wenn die Dame des Hauses sich den zweiten Gin &

Tonic servieren ließ. Kurz: Bevor man zur Party aufbrach, gab man seiner Gouvernante freundlich ein paar Stunden frei. Man könnte auch sagen: Man war damals angenehm entspannt.

Das ist es, worum es bei der Poolparty geht. Das Wasser ist dabei im Grunde überflüssig. So überflüssig, dass man auch drauf verzichten kann. Es ist ja nur ein Symbol. Dafür, dass man sich treiben lässt. Dass sich die Sorgen ein paar Stunden verdünnisieren. Dass man mal wieder in das Vergnügen eintaucht, ein bisschen herumzuspinnen. Und sei es nur in Gedanken.

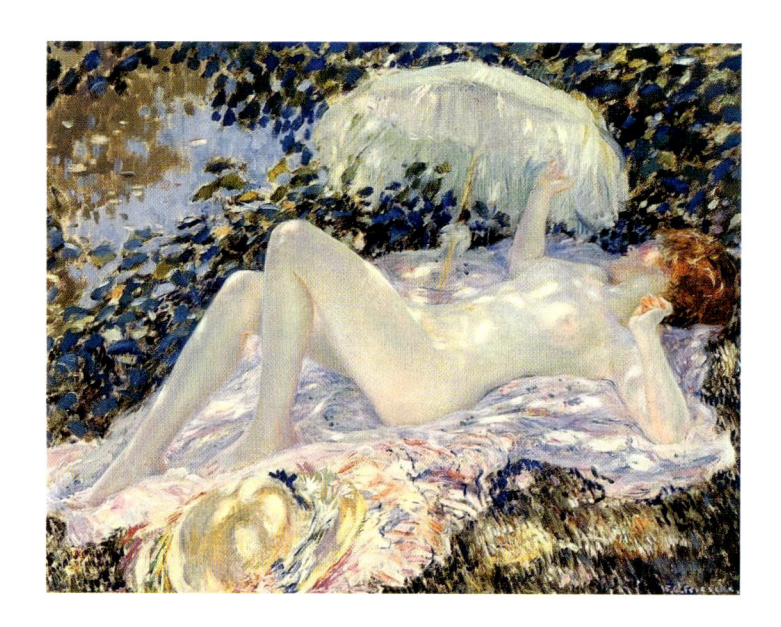

»Als ich mich unlängst in mein Hauswesen zurückzog [...], da meinte ich, ich könnte meinem Geiste mit nichts gefälliger sein, als dass ich ihn in aller Muße sich selbst unterhalten, mit sich selber beschäftigen und verweilen ließe.«

MICHEL DE MONTAIGNE
Über den Müßiggang

Don't worry, be happy –
Das Setting für den Freibadtag im Garten

Mal ehrlich: wie oft waren wir früher, im Freibad, tatsächlich im Wasser? Die meiste Zeit waren wir woanders, zum Beispiel am Rand des Pools, um die Jungs am Sprungturm zu beobachten. Oder wir stolzierten über die Liegewiese, um uns den Jungs zu zeigen. Oder wir holten Eis am Kiosk. Und dann Pommes. Und eine Cola. Und dann hockten wir mit den anderen Mädels auf dem Badetuch und alberten herum. Blinzelten in die Sonne. Blätterten in Zeitschriften. Cremten uns ein. Steckten das nasse Haar auf. Führten den neuen Bikini spazieren. Und hatten Zeit. Sehr viel Zeit. Und überdies: war uns die restliche Welt so ziemlich schnuppe. Sich das mal wieder zu gönnen? Als Erwachsene? Braucht nicht mal ein Freibad. Nur drei Dinge: einen freien Tag. Sonnenschein. Und die Lust, der Vernunft mal ein bisschen hitzefrei zu geben.

DER BESTE LIEGEPLATZ ...

... ist ein Bett im Blumenfeld: Wie wär's, wenn Sie sich eine Stelle im Garten als Ihre persönliche Liegewiese gestalten? Als Blumenwiese: da stellen Sie dann Ihren Lieblingsliegestuhl mittenmang in ein Meer aus Wiesensalbei, Violen, Margeriten, Glockenblumen, Levkojen oder Sonnenblumen. Schließlich ist Ihr Freibadtag ein zu schöner Tag, um ihn nicht mit Blumen zu teilen. Samenmischungen für essbare Blüten oder Wiesenblumen gibt's in jedem Gartencenter. Einfach die Saat- und Pflegeanleitungen der Verpackung beachten; die beste Aussaatzeit ist im Herbst oder ab März. Oder Sie entscheiden sich gleich für Bio-Wildblumen – und gönnen damit auch den Schmetterlingen und Bienen ein nachhaltiges Sonnenplätzchen (siehe Bezugsquellen).

... ist, wo die Sonne scheint: Banal, aber entscheidend für den Sommerferien-Effekt: Gucken Sie mal, wo in Ihrem Garten die Sonne am längsten hinkommt. Das ist der beste Platz für Ihre Mini-Blumenwiese. Und für Ihren Liegestuhl. Für den Schatten sorgt ja sowieso

der Sonnenschirm. An einem natürlichen Schattenplatz hingegen wird es in unseren Breiten fürs längere Herumliegen viel zu rasch kühl.

... ist vor neugierigen Blicken geschützt. Dass Sie sich einen schönen Lenz machen, muss ja nicht für jeden sichtbar an der großen Glocke hängen. Und wem Sie Ihren rasant geschnittenen Badeanzug zeigen, entscheiden nur Sie allein. Blöd nur, dass gefühlte Äonen vergehen müssen, bis die Buchshecke sich endlich zum Blickfänger ausgewachsen hat. Schneller geht's mit Paravents. Wieso die Dinger aus der Mode sind, versteht kein Mensch. Sie sind praktisch! Leicht zu tragen, flexibel hier und da hinstellbar und flugs wieder weggeräumt (siehe Bezugsquellen).

... ist weich gepolstert. Noch besser: chic und weich. Und am allerbesten: gleich mit einer wunderschönen, gewebten Ethnodecke bedeckt, deren sanfte Naturtöne mit den Farben der Erde, Äste und Blätter ringsum verschmelzen (siehe Bezugsquellen).

Was man alles Tolles machen kann ...

... zum Beispiel nichts. Ein Sommerferientag ist ein Tag ohne Plan. Ohne Erledigungen. Und, hallo, ohne Smartphone. Die große Kunst der Poolologie besteht darin, hemmungslos stinkfaul zu sein. Die Wärme der Sonne sorgt für die nötige Schlappheit der Gedanken. Dann passiert Großartiges: Man starrt Luftlöcher ins Blaue. Blinzelt in die Sonne. Entdeckt kaleidoskopartige Muster in der Baumkrone. Sieht mit geschlossenen Augen alle möglichen sonnigen Farben. Macht tollkühne Reisen im Kopf. Rechnet in Gedanken mit diesem und jenem ab. Hat extravagante Tagträume, malt sich aus, wie es wäre, wenn ... Sie werden feststellen: Selten sind Sie so kreativ wie an diesem Faulenzertag im Hochsommer, an dem Sie mit der leichten Muse im Gras liegen. Und dabei spielend die Lösung für dieses oder jenes Problem finden ...

... zum Beispiel Tunika tragen: schützt vor Windhauch, kühlt bei Hitze und ist absolut türöffnungstauglich, falls der Weinvertreter klingeln sollte. Entweder als Tunikabluse im Ethnostil oder als Luxus-Überwurf mit Diven-Effekt (siehe Bezugsquellen). Tunikas sorgen auch für die nötige Beinfreiheit, wenn Sie Lust haben auf:

... Gummihüpfen. Gum-mi-hüpf-en?!? Ja, wirklich. Ich meine das ernst. Ich bin ziemlich strikt für ein unbedingtes Comeback des Gummihüpfens. Ladies only, im Fitnessstudio – oder gerne auch als Präventionsangebot der Krankenkassen. Gibt es ein besseres Workout an der frischen Luft, bei dem Bauch, Beine, Po trainiert werden? Und die Sprungkraft? Und die Koordination und Kondition? Ich habe das mal mit Freundinnen während eines Urlaubs (wieder)gemacht. Wir hatten sehr viel Spaß. Nur leider die Übungen vergessen. Wie geht nochmal »Creme 21«?

Noch ein Tipp: Gummihüpfen alleine? Braucht a) zwei Stühle, das wissen Sie noch. Und b), das schulden wir der Würde der Reife: mindestens einen Paravent, blickdichten Zaun oder gleich am besten: einen Garten in der Einöde.

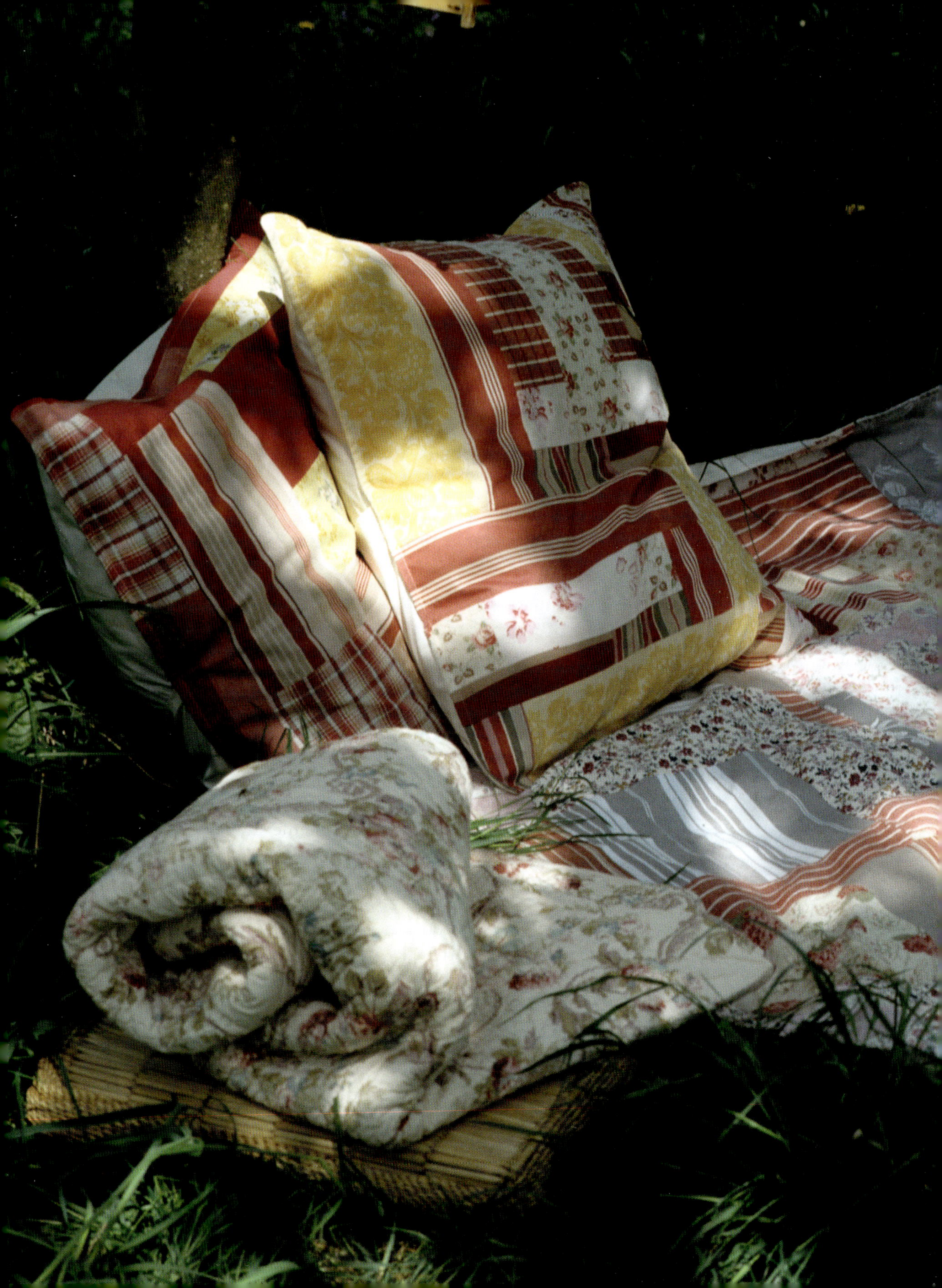

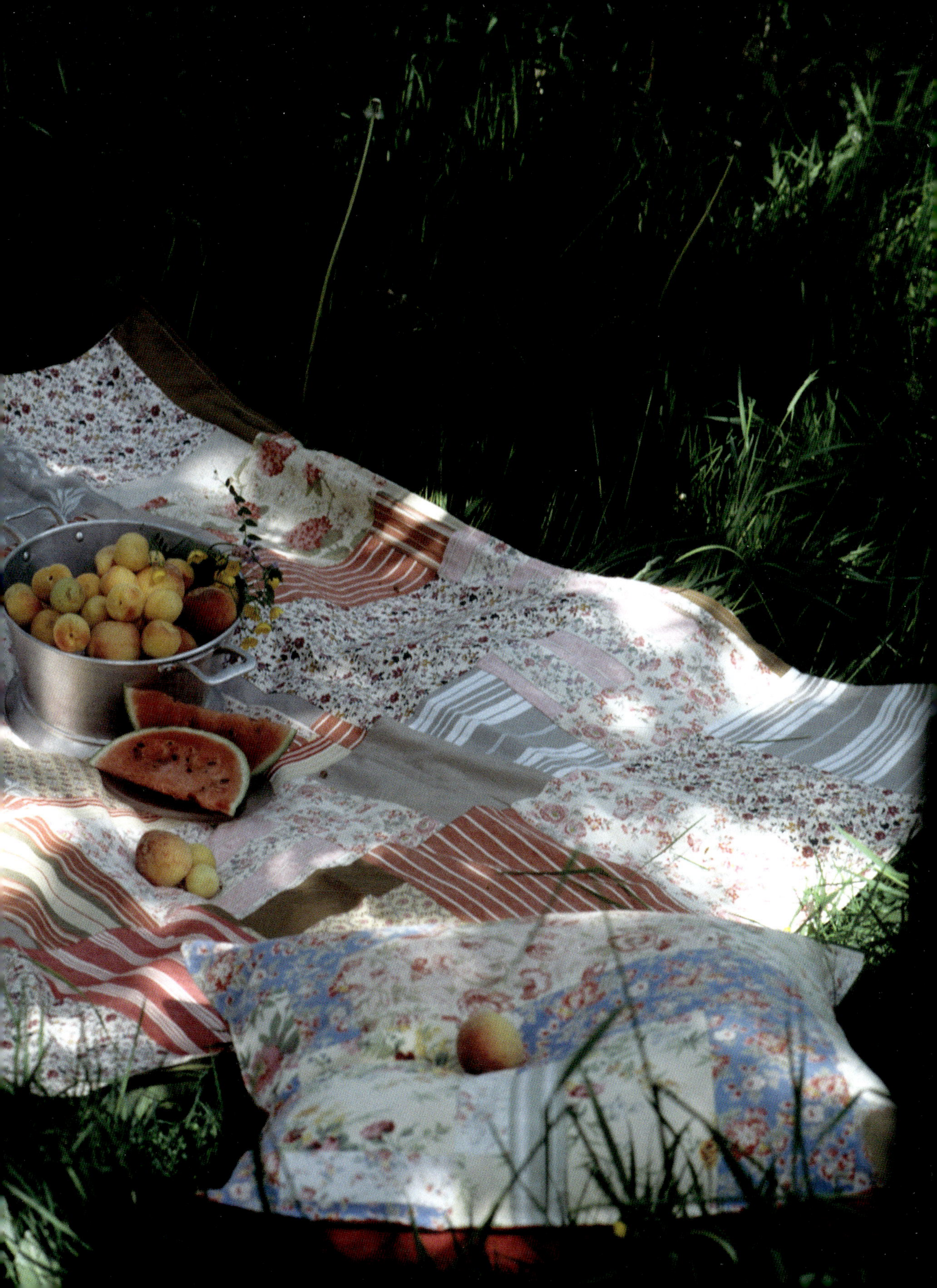

... Bowle mit dem Strohhalm trinken. Wissen Sie noch? Früher gab's diese hinreißend schlanken, sehr dünnen und sehr langen Strohhalme. Wenn man daraus trank, konnte man sich wie die Reklamedame fühlen, die eine schlanke Damenzigarette zwischen ihren schlanken Fingern hielt. Heute ist das Mit-dem-Strohhalm-Trinken in etwa so suspekt wie das Zigarette-Rauchen. Sei's drum! Coole Strohhalme gibt's heutzutage schließlich auch aus korrekt nachhaltiger Herstellung (siehe Bezugsquellen).

... Süßigkeiten schlecken. Brausepulver, Kirschlollis und Zuckerarmbänder in Pastell – ob uns das heute noch schmecken würde? Und: was fanden wir früher daran eigentlich so toll? Um das herauszufinden, müssten wir es unbedingt mal wieder probieren. Wahrscheinlich verziehen wir das Gesicht und denken: Puh! Ist das schaurig! Aber eben auch: schaurig schön nostalgisch. (Nebenbei: unbeobachtet vor dem Spiegel die kirschlollirote Zunge rauszustrecken und dabei an den Blödmann aus dem Büro zu denken, spart gut eine Stunde Hormonyoga.)

Splish-Splash-Bowle

Diese Bowle habe ich bei meiner Schulfreundin Barbara kennengelernt. Sie servierte sie uns an einem Sommerabend auf ihrer Terrasse. Wir waren begeistert: so zitronig! So erfrischend! Ein richtiges Rezept mit genauen Mengenangaben gibt es dafür nicht. Man kann sich beim Zusammenstellen von seinen Vorlieben leiten lassen und muss dabei nur der Grundidee der Bowle folgen: Sie stellt im Idealfall die perfekte Mischung aus Hugo und Caipirinha dar. Und kann entweder alkoholisch oder nichtalkoholisch aufgemixt werden.

FÜR EINE KARAFFE VON 1,2 BIS 1,5 L INHALT

- 3 Amalfi-Zitronen
- 2 Bio-Limetten
- 1–2 EL feiner Roh-Rohrzucker
- ½ Bund frische Minze
- ein paar Eiswürfel
- Holunderblütensirup nach Belieben
- Mineralwasser zum Aufgießen

Zitronen und Limetten heiß abbrausen, trockentupfen, in grobe Würfel schneiden, in die Karaffe geben, mit Zucker bestreuen. Minze abbrausen, trockenschütteln, Stielansätze wegschneiden, Minzezweige brechen und auf die Zitrusstücke legen, alles mit einem hölzernen Kartoffelstampfer (oder ähnlichem) ein wenig pressen, damit sich Zitrussaft, Minze und Zucker vermengen.

Mit Eiswürfeln bedecken, Holunderblütensirup darauf träufeln (die Menge hängt davon ab, wie süß und lieblich man das Getränk haben möchte). Mit Mineralwasser aufgießen und vor dem Servieren etwa eine halbe Stunde zugedeckt im Kühlschrank ziehen lassen. Durch ein Sieb etwas von dieser Essenz in Gläser geben und mit Mineralwasser, Weißwein, Sekt oder Prosecco aufgießen.

Der Garten als Spa

Schönheitsrezepte für den Wellness-Tag

»Powder your face with sunshine
Put on a great big smile
Make up your eyes with laughter [...]
Blue never was in style.«

*Aus dem Song: »Powder Your Face With Sunshine«
von Carmen Lombardo & Stanley Rochinski, 1948*

Wonach wir uns sehnen, manchmal: dass die Sonne scheint, möglichst lange, am besten für immer. Dass wir nicht ständig am Herd stehen müssen, dass sich das Essen von selber kocht. Dass wir nicht zur Arbeit müssen, weil es so etwas wie Arbeitenmüssen gar nicht gibt. Dass uns der Garten keine Rückenschmerzen bereitet, weil er sich um sich selber kümmert. Dass wir keine Blumenbeete pflegen müssen, weil es kein Unkraut gibt. Dass wir Zeit haben. Unendlich viel Zeit. Heute. Morgen. Übermorgen.

Goldene Zeiten! Wir kennen sie aus Märchen wie jenem vom Schlaraffenland – da fliegen uns die gebratenen Tauben in den Mund. Wir kennen sie aus Mythen, wie jenem vom Goldenen Zeitalter. Da leben die Menschen wie im Paradies. Bleiben immer jung und knackig, feiern Feste, trinken Wein, sind ein bisschen albern, in aller Unschuld. Alles wächst und gedeiht, ist immer und überall vorhanden, ausreichend für alle. Die Zeit? Hat keinen Anfang und kein Ende.

Manche kennen die Geschichte vom Goldenen Zeitalter aus einem Theaterstück. In Goethes *Torquato Tasso* sitzt die Prinzessin Leonore in einem Renaissancegarten, zusammen mit ihrer Freundin. Die beiden flechten Kränze, aus Lorbeer und bunten Blumen. Die Prinzessin sagt:

»Mein Bruder ist gefällig, dass er uns
In diesen Tagen schon aufs Land gebracht,
Wir können unser sein und stundenlang
Uns in die goldne Zeit der Dichter träumen.«

Der Dichter selbst, Torquato Tasso, erzählt daraufhin in berühmten Versen vom Goldenen Zeitalter; er beschwört die Ära der Sorglosigkeit fast verzweifelt herauf, eine verlorene Zeit, meint er, in der noch »erlaubt ist, was gefällt«.

Der Mythos vom Goldenen Zeitalter ist so alt wie die ältesten Erzählungen der Menschheit. Vermutlich hat er seinen Ursprung vor ein paar Jahrtausenden im fernen Osten, gut möglich, dass er aus Indien stammt. Um die Zeit Homers erlebte er in der griechischen Dichtkunst eine große Blüte. Ein paar Jahrhunderte später verschmolzen die Sehnsuchtsbilder vom seligvergnügten, satten Leben mit der Vorstellung vom Garten Eden, dem Leben im Paradies. Der Goldene Mythos ist zeitlos, weil er keine Zeit kennt. Prinzessin Leonore sagt es: Wir können unser sein, stundenlang.

Goldene Zeit? Goldener Teint!

Die Zeit dehnen. Nicht an sie denken. Nicht an Aufgaben, die drängen. Nicht an Züge, die dann und dann abgehen, Flüge, die man verpassen könnte, Dinge, die zu erledigen, Rückrufe, die zu tätigen, Mails, die zu verschicken, Meetings, die abzusitzen sind. Kleines Gegengift: Die Inszenierung von Landleben. Sehnsuchtsvoll betrachten wir Bilder von Frauen, die Heilkräuter aus ihrem Garten trocknen, tagelang, um daraus Arzneien zu ziehen, die man binnen zwei Minuten vielleicht auch in einer Apotheke kaufen könnte. Wir sehen Bilder von Frauen, die die Wiese mit der Sense mähen, stundenlang, obwohl das auch mit dem Rasenmäher ginge. Oder Bilder von Frauen, die Geschenkbänder besticken, tagelang, obwohl man bunte Bändchen im Supermarkt bekommt. Oder Frauen, die Kerzen ziehen, obwohl es die auch fertig gibt.

Könnte es so sein, vielleicht: dass unsere Faszination am Selbermachen nicht in erster Linie der Sehnsucht entspringt, einer altehrwürdigen Kulturtechnik nachzugehen – sondern dass in kontemplativen Tätigkeiten wie Wachsziehen oder Kränzeflechten etwas aufscheint, was uns paradiesisch vorkommt?

Zeit. Gemächlich dahin hatschende, gute alte Zeit, die nur dann so beneidenswert seelenruhig vor sich hin schlurft, wenn man die Dinge in Ruhe selber macht. Zeit, die nicht nach der Zeit fragt. Gut, gut, ich weiß, morgen um neun geht mein Zug, und ich muss heute Abend noch dieses Meeting vorbereiten – aber jetzt, hier, an diesem Nachmittag, knalle ich mich in die Wärme – und lasse den Garten sich selbst begrünen und die Blumen schön von alleine blühen. Und die Sonne? Die darf mir einen goldenen Teint zaubern, jawohl!

»Die goldne Zeit wohin ist sie geflohn?
Nach der sich jedes Herz vergebens sehnt!«

JOHANN WOLFGANG VON GOETHE
Torquato Tasso

Sonne! Sonne! Sonne! – Die Schönheitskur im Liegestuhl

Im eigenen Garten wird sich der Wellness-Tag vermutlich etwas weniger weihevoll gestalten als in einem Day Spa – ohne singende Klangschalen, Steine, die massieren können und dem sphärischen Sound einlullender Entspannungsklänge vom Band. Dafür wird er mit Sicherheit lustiger, in etwa so wie ein Urlaubstag am Strand. Packen Sie also Ihre Badehose, sorry: den Bikini ein, spannen Sie den knalligsten Sonnenschirm auf, dessen Sie habhaft werden können, und hören Sie Urlaubssongs – je gutgelaunter, desto besser. Am Ende des Tages entsteigen Sie ihrem Liegestuhl wie eine Schönheitskönigin dem Thron.

CAPRISONNE: Einmal Schoko, Vanille, Erdbeer, bitte! Sonnenschirme in den Farben eines Fünfzigerjahre-Eisbechers lassen an Tanzcafés, Schmetterlingsbrillen und Strandtaschen aus Bast denken, an Strand-Strizzis und Badeurlaube, die nicht unter drei Wochen dauerten. Unter solch einem Schirm zu liegen, während man daran arbeitet, sich von innen und außen rundum zu erneuern, ist schon mal die halbe Miete für das sommerliche Strahlegesicht (und den gesunden Bronzeteint, denn in der Sonne brutzeln wie ein Wienerwaldhenderl ist heutzutage sowas von 20. Jahrhundert).

BRÄUNE MIT NAHT: Nahtlose Bräune gilt manchen als Nonplusultra, hat jedoch den Nachteil, dass man die Sonnenbräune-Erfolge nicht so richtig ermessen kann. Ich gestehe: Es bereitet mir immer ausgesprochen gute Laune, wenn sich selbst im trüben November noch die Ränder meines Bikinis auf der Haut abzeichnen – das verlängert mein Urlaubsgefühl. Und das ist spätestens ab dem Moment Gold wert, wenn sich von Tag zu Tag mehr das Gefühl einschleicht, man habe den Sommerurlaub nur geträumt (Bikinis im Retro-Design: siehe Bezugsquellen).

WIE HINGEGOSSEN DALIEGEN: Stilvolles Sonnenbräunen ist eine Technik für sich – man kann sie in Hollywoodstreifen mit Lauren Bacall oder Marilyn Monroe studieren. Die richtige Haltung fördert die Entspannung und hilft, die Muskeln zu lockern. Dafür braucht man aber mehr als ein Handtuch auf dem Rasen, man braucht eine Sonnenliege mit Klasse. Eine, die so grandios aussieht, dass man sich selbst dann noch an ihr erfreut, wenn sie im Regen steht. Sehr zuträglich für ein angenehmes Liegegefühl sind überdies Nackenrollen. (Siehe Bezugsquellen)

GUTE LAUNE HÖREN: Ein bisschen Tralala gehört zu einem Spa-Tag unbedingt dazu. Wie schön, dass wir uns im eigenen Wellness-Garten den Lieblingssound aussuchen können. Mein Favorit für Sonnentage ist der afrikanische Musiker Stewart Sukuma – unmöglich, bei diesen Klängen *nicht* fröhlich zu sein!

VON DER ROLLE SEIN: Sonne macht lustig. Und verwegen! Zum Beispiel, um auszuprobieren, ob das eigentlich noch klappt mit dem Radschlagen? Oder dem Purzelbaum, pardon: der Rolle vorwärts und rückwärts? Total irre: Handstand! Wer sich nicht traut, macht es wie früher beim Üben: an der Wand. Aber, gemach – den Flicflac, den lassen wir lieber bleiben. Die Wirbelsäule sagt Danke.

EIN BISSCHEN FLATTERHAFT ... darf die *Sleeping Beauty* an so einem Verwöhntag sein. Sie schirmt sich ab und spannt die Wäscheleine, ganz altmodisch, von Baum zu Baum. Da hängt sie dann mit Holzklammern ihre Lieblingsstoffe auf: knallbunte, geblümte, getupfte, von Goldfäden durchwirkte ... eben alles hübsch Luftige, was so im Nähschrank liegt. Das wirkt wie eine unvollendete Patchwork-Sinfonie aus glücklich machenden Farben und Mustern und hat mehr Anmut als ein Sichtschutz aus dem Baumarkt. Zudem ist es eine wunderbare Möglichkeit, die Stoffe im Schrank, die nie die Sonne sehen, aus ihrem Versteck zu holen!

COOL AN DIE SACHE RANGEHEN: Wir geben die Hoffnung nicht auf – die richtigen Sommerhitzetage werden schon noch kommen! Sehr fein, um sich dann abzukühlen: Sorbets mit Sekt. Am besten zur Sundowner-Stunde. Sekt-Zitrone geht bei solchen Gelegenheiten natürlich immer, es schmeckt aber lange nicht so elegant wie Sekt-Birnensorbet, Sekt-Weißer-Pfirsichsorbet oder Sekt-Basilikumsorbet. Einfach mal experimentieren!

Wer keine Eismaschine hat: Früchte (zum Beispiel auch Honigmelone oder aromatische Nektarinen) schälen, in feinste Würfel schneiden, einfrieren. Das Gefrorene crushen, in Tulpengläser füllen und mit Prosecco oder Sekt aufgießen.

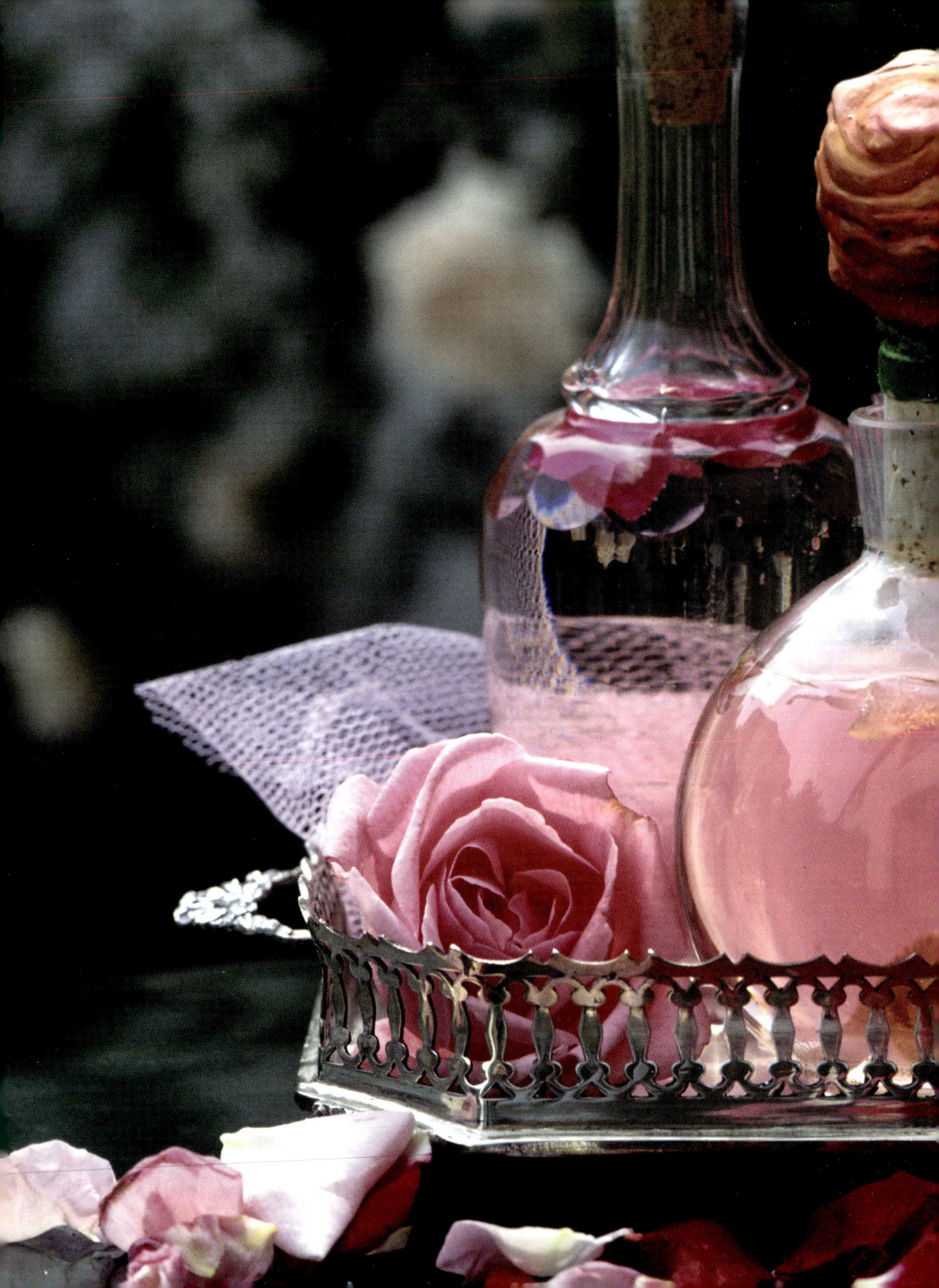

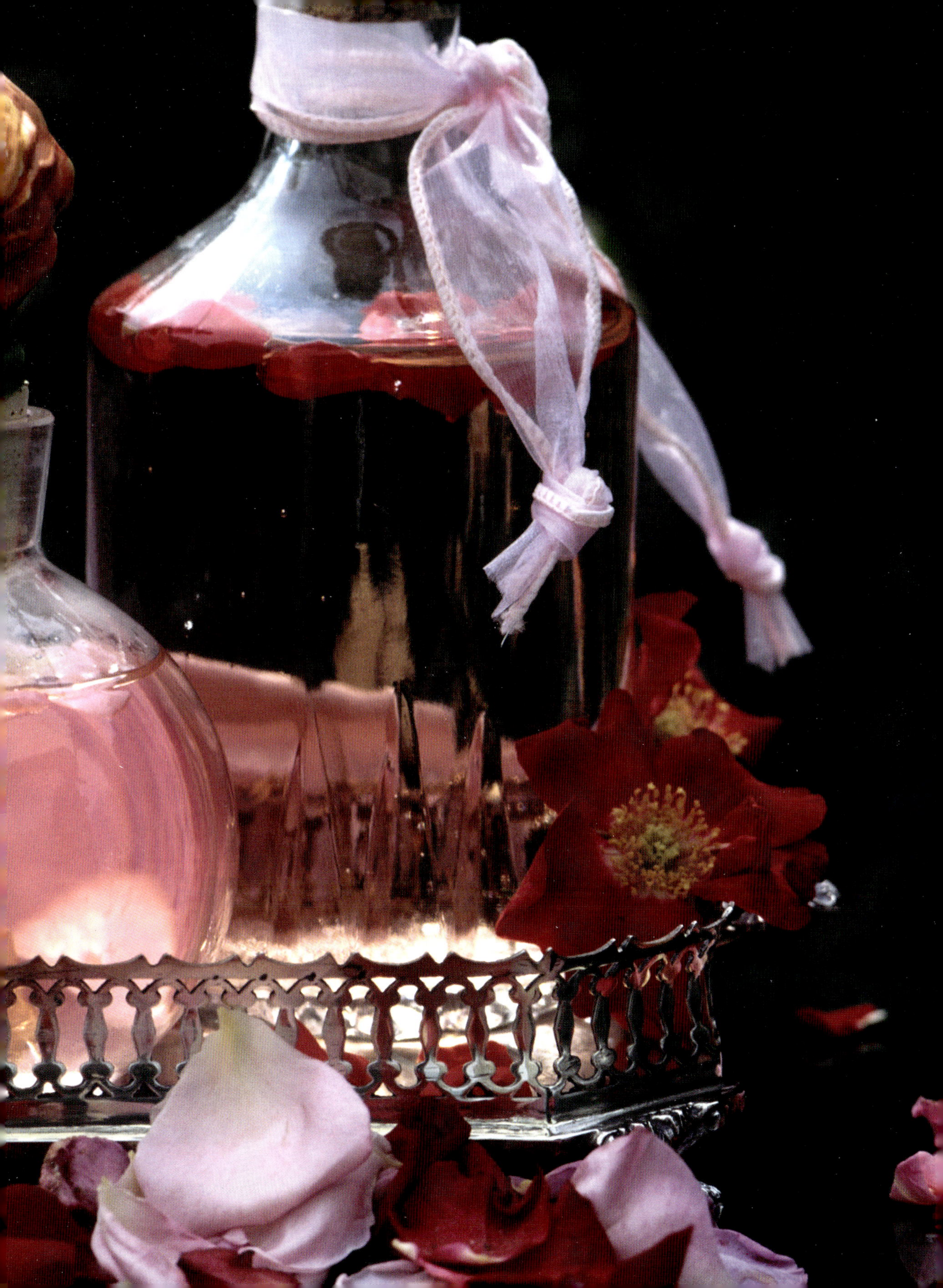

Ganz schön schnell!
Beauty-Tricks für die zeitlose Dame

Es gibt viele charmante Rezepte für selbstgemachte Kosmetik, hausgemachte Seifen, Salben und Duftwässerchen aus der Küche. Sich damit zu beschäftigen, ist eine wundervolle Sache, man kann in Düften schwelgen und seine Finger in seidige Pasten tauchen – das ist ein sinnenfrohes, meditatives Vergnügen. Es hat jedoch den einen, nicht zu unterschätzenden Nachteil: Man bräuchte dafür im Grunde ein paar Tage Urlaub. Den hat die Gartenfreundin nicht so oft, Sie wissen schon: Job, Familie, Kinder, gesellschaftliche Pflichten, vielleicht sogar ein Ehrenamt …

Sollte diesbezüglich wirklich mal ein geschenkter Tag um die Ecke kommen und Sie dazu verführen, ein paar sonnige Stunden nur an sich zu denken – dann möchten Sie bestimmt nicht schon wieder am Herd stehen! Sondern sich mit angenehmen, einfachen Dingen ohne großes Drum und Dran zum Strahlen bringen. Zum Beispiel mit diesen flinken Schönmachern (Hinweis für Allergiker: Manche ätherischen Öle können Allergien auslösen, das ist von Mensch zu Mensch verschieden. Wer unter Allergien leidet, weiß um diese Bescheid – und wird die Zutaten für die folgenden Rezepturen nach eigenem Befinden abwandeln).

Seelenstreichler-Meersalzpeeling mit Lavendelblüten

Peelings machen die Haut schön glatt – sie bräunt dann gleichmäßiger. Seit ich von einer Freundin einmal ein Meersalzpeeling bekam, das nur aus zwei Zutaten bestand (aus Meersalz und ätherischem Öl), weiß ich, dass gute Kosmetik vor allem eines ist: pur. Ich beschloss daher, meine Peelings ab sofort selber zu machen. Meersalz von fein- bis grobkörnig habe ich immer im Haus. Und ätherische Öle auch. Und natürlich: duftende Blüten im Garten!

- mittelgrobes Meersalz
- 1 kleines Bündel getrocknete Lavendelblüten

Meersalz in der Menge, die man für ein Ganzkörperpeeling benötigt, in eine Schüssel geben, getrocknete Lavendelblüten von den Rispen auf das Salz streifen. Den nassen Körper mit dem Lavendelsalz kurz einreiben und massieren, anschließend abduschen (ich pulverisiere die Lavendelblüten nicht, weil auf diese Weise ihr ätherisches Öl im Nu verfliegt – bleiben die Blüten hingegen ganz, geben sie ihren beruhigenden, warmen Duft erst beim Einreiben ab).

Hallo wach!-Meersalzpeeling mit Rosmarin

Rosmarin bringt den Kreislauf auf Trab und macht auch in seelischen Dingen munter. Genau der richtige Start in einen unbeschwerten, heiteren Sommertag!

- mittelgrobes Meersalz
- ein paar frische Rosmarinzweige

Meersalz in der Menge, die man für ein Ganzkörperpeeling benötigt, in eine Schüssel geben. Rosmarin mit den Stielen fein hacken, zum Salz geben. Den nassen Körper mit der Salz-Rosmarin-Mischung kurz einreiben und massieren, anschließend abduschen (frischer Rosmarin duftet sonniger, erfrischender als getrockneter, deshalb pflücke ich die Zweige erst kurz vorm Mischen des Peelings).

Botox ade!-Quarkmaske mit Rosenblüten

Den Tipp mit der Quarkmaske habe ich von meiner Oma. Seit ich siebzehn bin, ist das die einzige Art von Gesichtsmaske, die ich mir einmal die Woche gönne. Ich finde: Es gibt nichts Besseres! Der sahnige, eiweißhaltige Quark ist ein richtiger Jungbrunnen. Er enthält wichtige Nährstoffe wie Vitamine der B-Gruppe. Er kühlt angenehm. Es ist lustig, wenn der Quark zu trocknen beginnt und bröckelt (nun gut, ich bin eine verspielte Natur). Und man sieht hinterher aus wie der junge Frühling, versprochen!

- 100 g Bio-Quark, halbfett
- 2 Tropfen ätherisches Rosenöl
- eine Handvoll ungespritzte Duftrosenblätter

Rose wirkt beruhigend bei gereizter Haut, ist also optimal nach dem Sonnenbad. Für die Maske: Quark mit Rosenöl glattrühren,

Duftrosenblätter mit der Schere fein hineinschneiden (dann werden sie nicht gequetscht), unterrühren. Quark dick aufs Gesicht streichen, Augenpartie freilassen (am besten geht das Auftragen, wenn man im Liegestuhl liegt, dann fällt nichts runter. Wer nicht so geübt ist, legt ein Handtuch unters Kinn, wer geübt ist, kommt ohne aus).

Maske eine gute halbe Stunde einwirken lassen. Wenn der Quark wie Gips rieselt, ist es aber gut! Dann abwaschen und eincremen.

Sommer, einen Winter lang
Kräuter und Beeren haltbar machen

»Das ist ein Abschied mit Gerüchen
aus einer fast vergessenen Welt.
Mus und Gelee kocht in den Küchen.
Kartoffelfeuer qualmt im Feld.«

ERICH KÄSTNER
Der September

Das erste Haltbarmachen, an das ich mich erinnere, geschah mit einem Baumpilz. Ich hatte ihn bei meinen Großeltern an einem Baumstamm entdeckt und mich gewundert, was das wohl für ein merkwürdiges Ding sei, dass da so keck aus der Rinde ragte. Seine halbrunde Form erinnerte mich an die schmalen Konsoltische, die ich bei einem Besuch in der Wiener Hofburg zum ersten Mal gesehen hatte. So einen Tisch konnte ich für meine Zwergenwohnung gut gebrauchen.

Das Haus meiner Großeltern stand an einem Hang. Dahinter erstreckte sich ein Mischwald mit Buchen, Eichen und Tannen; ein kleiner Teil des Waldes gehörte zum Haus. Da stand auch eine Eiche, die war unten ausgehöhlt; die Baumhöhle glich einer Maisonette-Wohnung im Winzlingsformat: mit zwei Etagen, verwunschenen Alkoven und einem Raum mit offenem Ausguck. Ich war fünf, als ich die verborgenen Zimmer im Inneren des Baumes entdeckte. Sogleich war mir klar, dass da nur Zwerge drin wohnen konnten! Die brauchten natürlich Möbel und Sachen zum Essen, Teppiche aus Moos, Bucheckern und Eicheln für den Abendbrottisch und natürlich: eine Konsole für die Schüsseln und Teller aus Kastanienhälften und Blättern. Der Baumpilz! Ich zwickte ihn vom Stamm, stellte ihn in die Höhle – und da lehnte er dann, viele Sommer und Winter lang; ich blieb der Zwergenwohnung jahrelang treu, selbst als ich nicht mehr an Zwerge glaubte.

Haltbarmachen muss nicht unbedingt Einmachen bedeuten. Wenn wir im Herbst die Gartenmöbel in den Schuppen räumen, die Sträucher mit Fließ bedecken, das Gerätehaus verrammeln und die Kübelpflanzen in die Garage stellen, schlagen wir dem Garten die Türe vor der Nase zu: Bleib bloß draußen, du! Du unwirtliches, laubverschmiertes, nebliges, kahles Etwas! Und da bleibt er dann liegen, vor Kälte bibbernd. Allein. Und: ziemlich außen vor.

Ich geb's zu: Jeden Herbst beschleicht mich dabei das gleiche mulmige Gefühl. Mir ist bei dem Gedanken, meinem Garten den

Rücken zu kehren, nicht wohl. Den ganzen Sommer über waren wir bei ihm zu Gast. Er war unser Freund, wir hatten bei ihm freie Kost und Logis. Er gab für uns den Entertainer, schob die tollsten Kulissen, sorgte für Ferienstimmung, dirigierte das Vogelorchester, kurbelte die Windmaschine an und zauberte Blütenmeere aus der Erde. Und dann sollen wir ihn einfach so ins Kulissendepot abschieben, nur weil's draußen duster wird?

Ein Talisman vom Gartenfreund

Es tut uns ja selbst nicht so gut, wenn wir den Garten mir nichts, dir nichts, in der Versenkung verschwinden lassen. Die Zeit bis zum Wiedersehen ist einfach zu lang. Und zu dunkel. Aber wir könnten ja etwas mitnehmen: einen Talisman vom Gartenfreund, der uns durch den Winter begleitet. Hübsche Mitgebsel aus der Natur, die uns den Sommer in den Winter hinein retten. Wir können sie umwidmen und ihnen eine neue Aufgabe geben: getrocknete Hagebutten für die Vase, Weinlaub für den Türkranz, Tannenzapfen und mit etwas Öl polierte Kastanien für den Plätzchenteller. Ein wundersam geformter Ast lässt sich gut zwischen Kerzen arrangieren. Und die getrocknete Rose wirkt für sich allein.

Einst, als Haltbarmachen noch Einmachen hieß, aus der Not geboren, aus dem Zwang heraus, die Ernte ohne Tiefkühltruhe haltbar zu machen, die Feld- und Ackerfrüchte so lange parat zu haben, bis endlich wieder etwas auf den Feldern wachsen würde – da war Haltbarmachen gewiss keine Freude. Es war die reine Plackerei, dauerte Tage und Wochen, von morgens bis spät abends, ruinierte den Rücken, verursachte rissige Hände, weil Pflaumenmus-Bottiche und Sauerkrauttöpfe geschleppt und Krautköpfe gehobelt und Sauen geschlachtet und gepökelt, und ganze Schweinehälften zum Schinkenmachen in den Keller gehievt werden mussten.

All das brauchen wir nicht mehr. Der Garten muss für uns nicht mehr als Überlebensversicherung herhalten. Er darf Freiraum und Spielwiese sein. Wir können darin seltene Gemüsesorten ziehen, wenn wir möchten, aber wir müssen es nicht. Wir könnten Laufenten darin halten oder einen Froschteich ausheben oder ein Insektenhotel betreiben. Wir können den Garten wuchern lassen, ganz romantisch. Wir können ihm künstliche Wasserläufe verpassen. Wir könnten dem Nachbarn mit Grillorgien einheizen oder mit unserem englischen Rasen ein wenig angeben. Völlig wurscht, wie wir drauf sind: der Garten ist unser Spielzimmer. Da toben wir uns aus. Und wenn wir nach Monaten alles wieder ordentlich aufräumen und klar Schiff machen müssen, können wir einen Teil seines Mobiliars ruhig mit nach drinnen nehmen. Dann fühlen wir uns in unserer Winterwohnung nicht mehr so unbehaust.

>>Nichts Schönres gab's für Tante Lotte
Als schwarze Heidelbeerkompotte.<<

WILHELM BUSCH
Hans Huckebein

Glück im Glas – ein paar Tipps rund ums Haltbarmachen

Oft ist das Schöne am Haltbarmachen ja eigentlich dies: dass uns die Natur ein unverhofftes Geschenk gemacht hat. Wir brauchen nur die Augen offenzuhalten und uns daran zu erinnern, wie wir als Kind waren. Als Kind entdeckten wir pausenlos die tollsten Dinge, im Gras, im Wald, auf der Wiese: Marienkäfer, die man in Schuhschachteln sammeln, Blumen, die man zwischen Buchseiten pressen, und Moospolster, die man als Weide für die Spieltiere nutzen konnte. Was daran beglückend war? Dass wir unserer Phantasie freien Lauf ließen. Das können wir als Erwachsene auch. Wir brauchen dazu gar nicht groß auf Sachensuche zu gehen. Es genügt vollkommen, darauf zu vertrauen, dass uns die Dinge finden.

BAUMJUWELEN: Bei meinem letzten Besuch in London zappte ich mal im Fernsehen auf eine Talkshow mit Vivienne Westwood. Die Modeschöpferin sah wie immer hinreißend aus, aber das Tollste an ihr war: die unglaublich klunkerhafte Kastanienkette, die sie mit einer Grandezza trug, als wären es die Juwelen der Queen. Die Dinger glänzten wie frisch aus der Schale gepellt. Vermutlich hatte jemand aus Westwoods Entourage die Baumjuwelen kurz vor der Show gesammelt und für sie aufgefädelt. Ich finde: was Lady Vivienne steht, kleidet auch jede andere pfiffige Frau! (Geht übrigens auch mit Eicheln und Hagebutten. Nützlich beim Auffädeln: eine kräftige, lange Nadel und ein Fingerhut. Und, wichtig: Die Früchte müssen frisch sein, damit sie noch weich genug sind zum Durchbohren.)

PRÄSENTIERTELLER: Eine Feder, ein leeres Vogelnest, eine schön geformte Wurzel – wirklich anfangen kann ich mit diesen Fundstücken nichts. Aber mich daran erfreuen! Dafür habe ich ein Tablett. Auf dem arrangiere ich alles Hübsche, das mir den Sommer über so unterkommt. Eine Art Minimuseum des Gartenjahrs.

KAUFEN KANN MAN SICH SPAREN: Gartenhimbeeren und Brombeeren können ganz schön wuchern. Gut so! Dann können wir die Blätter ebenfalls ernten. Im eigenen Garten spritzt man die Früchte ja in der Regel nicht. Brombeerblätter enthalten Vitamin C und Gerbstoffe, Himbeerblätter gelten seit alters her als Frauenkraut. Früher habe ich Kräuterteemischungen gekauft – heute mache ich sie selbst. Ich habe es mir zur Gewohnheit gemacht, sämtliche genießbaren Blätter und Blüten aus meinem Garten zu trocknen: Brennnesseln, Salbei, Brombeerblätter, Himbeerblätter, Holunderblüten, Veilchen, Lavendel, Minze, Melisse. Die kommen den Sommer über alle in eine große Dose; die Mischung ist jedes Mal anders, je nachdem, welches Kraut sich gerade am frechsten breitmacht.

RAUCHZEICHEN: Die Stiele von Bohnenkraut, Thymian, Salbei, Lavendel verwende ich ebenfalls. Wenn ich Kräuter trockne und die Blätter nach dem Trocknen abstreife und in Gläser fülle, schneide ich die übriggebliebenen Stiele in handliche Stücke und bewahre sie in einem Stoffbeutel auf. Die kommen dann beim Grillen oder beim Weihräuchern auf glühende Kohle – und entfalten dabei ihr sommerwürziges Aroma.

SALBEI CRISPS: Aus Salbei kann man prima Chips machen. Die Idee kam mir, als meine Mutter über die Salbeisträucher schimpfte, die immer größer und fetter wurden und ihr das Problem bescherten: wohin mit all den Massen Salbei? Ich: Ab in die Pfanne! Dafür die Salbeiblätter abbrausen, trocken tupfen. Olivenöl in einer großen Pfanne bei moderater Hitze erwärmen – Salbei darf nicht verbrennen, sonst wird er bitter. Die Salbeiblätter bei mittlerer Hitze kurz braten, einmal wenden. Auf Küchenkrepp abtropfen – warm servieren. Wer mag, streut Meersalz drüber.

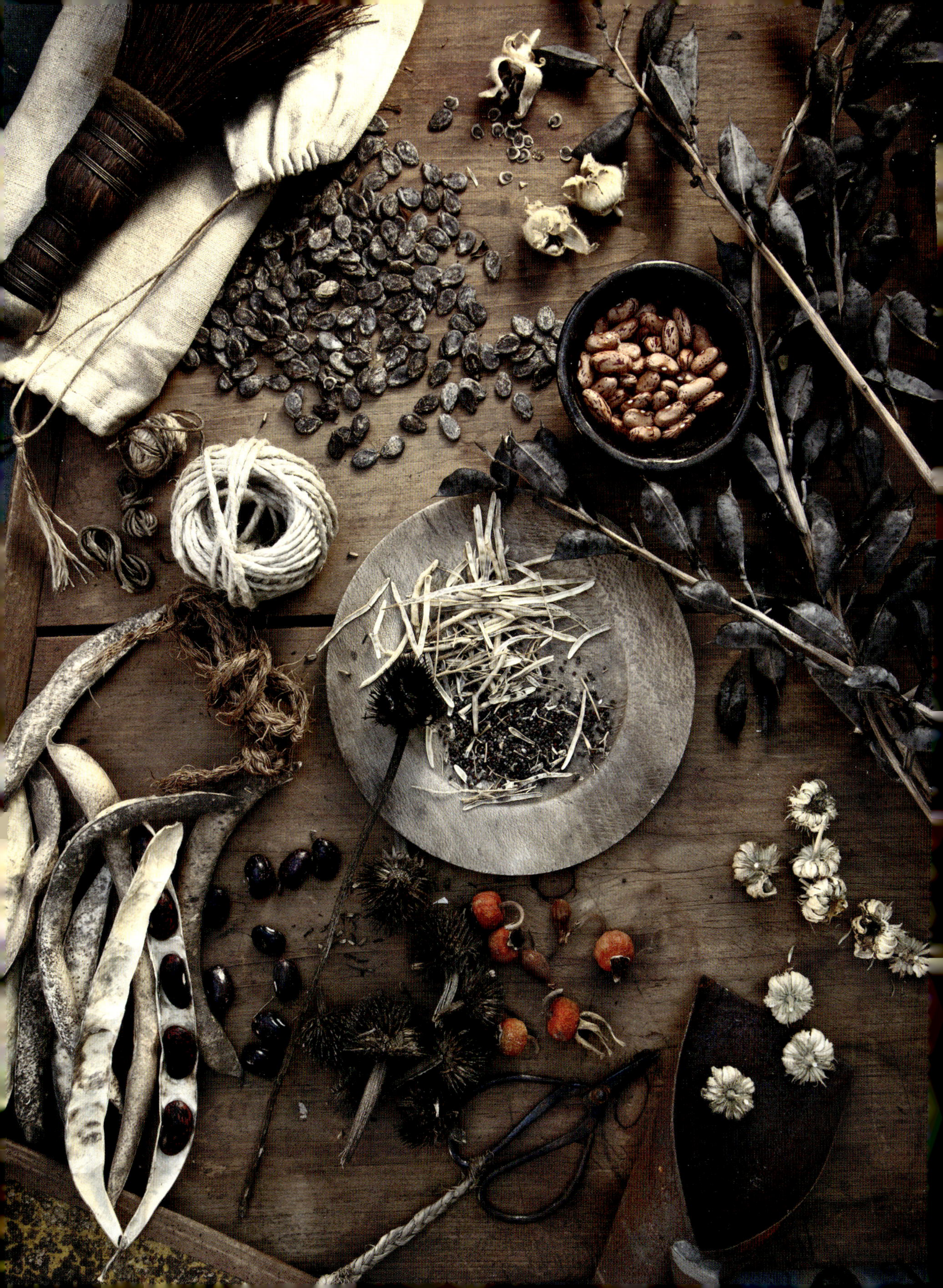

KRÄUTER UND PILZE TROCKNEN: Früher gab es Speicherböden und Vorrats- oder Speisekammern. Wo soll man heute in einer Stadtwohnung Kräuter und Pilze trocknen? Faustregel: im wärmsten, bestgelüfteten, trockensten und dunkelsten Raum. Das ist in jedem Haus, jeder Wohnung ein anderer – Sie kennen sich am besten aus. Es gibt auch handliche Holzdarren (Kräutertrockner) für Stadthaushalte (siehe Bezugsquellen).

Es geht aber auch so: Küchentuch ausbreiten, mit Küchenkrepp belegen. Dann zum Beispiel gesäuberte, in dünne Scheiben geschnittene Waldpilze in Abständen darauf legen. Oder frische Kräuter mit den Stielen in lockerem Verbund darauf drapieren. Wieder Küchenkrepp darüber legen, einige Tage liegen lassen. Der Küchenkrepp saugt Feuchtigkeit auf und verhindert, dass sich Staub auf die Zutaten legt.

GETROCKNETE KRÄUTER AUFBEWAHREN: Ich trockne Kräuter immer mit Stengel, weil frische Kräuter beim Entblättern gequetscht werden, und dabei geht viel von ihrem ätherischen Öl verloren. Wenn sie durchgetrocknet sind (das kann bis zu einer Woche dauern), breite ich sie auf einer weißen Tischdecke aus und streife die Blätter von den Stielen (außer beim Liebstöckel – siehe Rezepte). Dabei fallen oft kleine, harte Rispen ab, die unangenehm zu kauen sind und im Mund stechen (vor allem beim Bohnenkraut und Thymian). Die lassen sich auf der weißen Tischdecke problemlos aussortieren. Die Blätter gebe ich in dunkle Schraubgläser und bewahre sie an einem kühlen Ort auf.

GLÄSER STERILISIEREN: Wenn Sie, etwa fürs Marmeladekochen, sicher gehen wollen, einigermaßen keimfreie Gläser zu bekommen, machen Sie es so (hundertprozentig keimfrei gibt's sowieso nur im Labor): Gläser und Deckel in einen großen Topf stellen, mit Wasser bedecken, fünf Minuten kochen, auf blitzsauberem Küchentuch abtropfen lassen, Deckel mit Küchenkrepp trockenreiben.

GROSSE GESTE, KLEINES GLAS: Eingemachtes als Geschenk ist nicht unproblematisch. Man muss sich ja nur selber an die Nase fassen: Oft gibt man etwas her, weil man nicht mehr weiß, wohin mit dem Zeug. Ich persönlich bekomme nicht so gerne selbstgemachte Marmeladen geschenkt. Ich bin da *snobby*, ich geb's zu. Hat die Marmelade nicht exakt die halbflüssige Konsistenz, den säuerlichen Geschmack und die appetitliche Farbe, die ich mir so einbilde, mag ich sie nicht essen. Und dann stehen die geschenkten Gläser bei mir rum ...

Marmeladengeschmäcker sind so verschieden wie alle Geschmäcker. Deshalb verschenke ich meine selbstgemachten Marmeladen und anderes Eingemachte nur in winzigen Gläschen. Mit etwas Glück mache ich damit jemandem für die Dauer eines Buttersemmelessens eine Freude. Und falls meine Marmelade nicht exakt die Konsistenz, den Geschmack und die Farbe hat, die der Beschenkte mag, ist das nicht schlimm: Ich habe ihm nicht etwas aufgebürdet, was zu Entsorgungsproblemen führt (wohin mit der ollen Marmelade? Ach: vielleicht weiterverschenken? Nee, meine Lieben! Das lassen wir mal schön bleiben!). Und genau deshalb lautet meine Devise: Weniger ist mehr. (Falls sich doch noch alte Marmeladen im Regal verstecken: einfach den Alte-Marmeladen-Rebirthing-Kuchen backen – siehe Rezept Seite 131).

HERZENSGRUSS: Sie haben beim Wandern wilde Blaubeeren entdeckt und zu Marmelade verkocht? Sind auf einer Alm über Kissen von Bergthymian gestolpert und konnten nicht widerstehen? Oder stießen kürzlich beim Spazierengehen auf diesen Wahnsinnsgeheimplatz für Morcheln? Wenn Sie etwas Haltbargemachtes verschenken, verhehlen Sie nicht die Geschichte dazu. Sie verleiht ihrem Geschenk zusätzlichen Charme. Und der Beschenkte weiß: In dem Glas Eingemachtes verbirgt sich ein lieber Gruß – von einem besonderen Ort, einem besonderen Moment. (Pssst: den Geheimplatz für die Morcheln dürfen Sie natürlich für sich behalten.)

Sonne im Mund
Meine Supereinfach-Haltbarmach-Rezepte

Nein, Marmeladenrezepte gibt's hier keine. Auch nicht für Konfitüre, Quittenbrot oder Chutney. Es gibt wunderbare Marmeladen-Konfitüre-Chutney-Kochbücher; Sie haben sicher ein paar davon im Schrank. Mir geht es um etwas anderes: Ich würde furchtbar gerne den Sommer über am Herd stehen und Marmeladen und Chutneys einkochen. Ich würde, wenn ich könnte, sogar die Marmeladengläser selber mundblasen und die Etiketten für die Gläser selber basteln und die Deckchen für die Marmeladendeckel selber häkeln und noch Bändchen darum wickeln und Herzchengrüße mit Kartoffelstempel drucken und dabei entspannt in meiner Villa Kunterbunt dieses ganze Entschleunigungszeugs zelebrieren ...

Aber, leider: Ich kann nicht. Ich habe zu arbeiten. Und dennoch: Manchmal stehle ich mir Momente, um aus den Dingen, die draußen wachsen, etwas Brauchbares für den Winter zu machen. Ohne Gedöns, meist auf die Schnelle, oft auch unter Stress. Aber: es klappt. Und falls auch Sie nicht die Muße haben, sich ihre Marmeladen selber zu stricken, möchte ich Ihnen einfach ein bisschen Mut machen: Haltbarmachen darf auch simpel sein!

Getrocknete Himbeeren

Wir haben Herbsthimbeeren im Garten, die sind fiese Kerle: Sie werden immer dann reif, wenn's draußen regnet oder nieselt oder schon die Nebel wabern. Dann sind die Dinger nicht mehr süß. Und oft auch ziemlich wässrig. Marmelade? Wird daraus nichts. Aber Trocknen: kommt ausnehmend lecker!

- frisch gepflückte Himbeeren
- Backpapier
- Backblech

BRAUCHT 5 BIS 8 STUNDEN TROCKNUNGSZEIT

Himbeeren nach Würmern absuchen, verlesen. Ofen auf 75 °C vorheizen. Backblech mit Backpapier belegen, die Himbeeren mit etwas Abstand darauf verteilen. Im warmen Ofen langsam trocknen lassen, dabei einen Spalt der Ofentür offenlassen (am besten Holzlöffel reinklemmen).

Je nachdem, wie groß und feucht die Himbeeren sind, kann das bis zu acht Stunden dauern. Das Ergebnis sind wunderbar rote, knusprige, feinsäuerliche Himbeerkugeln, die man knabbern, im Müesli oder zu Quark und Joghurt essen oder als Topping auf Cupcakes und Törtchen werfen kann. Oder man macht Himbeerzucker daraus.

Himbeerzucker

Schmeckt lecker auf Schlagsahne, Bayerischer Creme, Pudding, Obstsalat. Macht sich gut auf Schokoguss, selbstgemachten Pralinen, Plätzchen.

- getrocknete Himbeeren
- feinster Backzucker
- Mörser

Getrocknete Himbeeren mit Zucker in einen Mörser geben, fein zerstoßen, sofort in ein Schraubglas geben, damit sich das Fruchtaroma hält. Ich mache immer nur die Menge, die ich gerade benötige. Weil beim Mörsern das Himbeeraroma aufgeschlossen wird – und sich bei längerem Stehen verflüchtigt. Den Mörser ziehe ich einem elektrischen Zerkleinerer vor: der würde die Himbeeren zu fein zerstäuben. Und das ist ein Aromakiller.

Johannisbeer-Essig

Das ist ein Rezept meiner Freundin Bärbel. Sie hat sich vor ein paar Jahren einen Traum erfüllt: einen alten Bauwagen. Der steht nun, bunt bemalt, in ihrem Garten, umgeben von Pfirsichbäumen und Johannisbeersträuchern, als Lese- und In-den-Tag-hinein-döse-Refugium. Bärbel lebt in Darmstadt, da ist das Klima mild. In manchen Sommern weiß sie nicht, wohin mit all ihren Pfirsichen und Johannisbeeren. Dann macht sie Fruchtpüree-Essige daraus und verschenkt sie.

FÜR CIRCA 2 LITER ESSIG

- 1 kg rote Johannisbeeren
- 1 l italienischer Weißweinessig (Condimento bianco)
- 300 g Zucker
- 1 TL schwarze Pfefferkörner
- Flotte Lotte (mechanisches Püriergerät)
- Flaschen zum Abfüllen

Johannisbeeren von den Rispen streifen, kurz abbrausen, abtropfen. Essig in einem großen Topf erwärmen, Zucker darin auflösen, die Johannisbeeren und Pfefferkörner dazu geben und alles zwei, drei Minuten leise köcheln. Dann die Essig-Fruchtmischung durch die Flotte Lotte pürieren.

Die Abfüllflaschen gut spülen, mit kochendem Wasser übergießen (auch die Deckel), trocknen. Das Essig-Fruchtpüree sofort abfüllen. Wer mag, gibt noch ein paar Pfefferkörner in die Flasche.

Der Essig schmeckt zu allen Salaten, die eine Fruchtnote vertragen, auch zu Rohkost mit Karotten, Äpfeln, Kürbis, Rote Bete. Sehr gut auch zum Abschmecken von Linsen- oder Kürbissuppe.

Duftrosenblüten-Essig

Dieser Essig hat eine elegante Note. Er passt zu zarten Sommersalaten, kann gut mit Blüten, Himbeeren, Erdbeeren, Pfirsichen, Aprikosen und Äpfeln kombiniert werden. Nach etwa einem halben Jahr verliert er seine rosige Farbe und wird bräunlich. Aber, ehrlich: bis dahin ist er sowieso alle!

- 6 voll erblühte, frische Duftrosen (ungespritzt oder vom Bio-Gärtner)
- ½ l milder, weißer Balsamico-Essig
- 1 Flasche mit großer Öffnung
- 1 Flasche aus dunklem Glas (0,5 l)

Duftrosen entblättern. Blütenblätter in die Flasche mit großer Öffnung geben. Essig dazu gießen. Gut verschließen. Bei Zimmertemperatur an einem dunklen Ort (nicht in der Sonne) stehen lassen, dabei immer mal wieder schütteln. Wenn der Essig eine schöne Farbe angenommen hat (nach etwa zwei Wochen), kann man ihn probieren. Das Aroma der Rosen müsste jetzt vollständig in den Essig übergegangen sein. Nun kann man ihn durch ein Sieb in die dunkle Flasche umgießen.

Thymianblüten-Salz

Auf meinem Balkon blüht ein Kaskaden-Thymian – er wächst wie eine Hängepflanze und bekommt im Juli wunderschöne, zartlila Blüten von herrlichem Duft und Geschmack. Ich knipse sie ab, verwende sie frisch als Streublüten für Salate und Desserts. Aber es sind sehr viele – also trockne ich den Rest und mische sie mit Fleur de Sel.

- Thymianblüten
- Meersalzflocken (zum Beispiel Maldon Sea Salt)

Blüten abzupfen, zwischen Lagen von Küchenkrepp einige Tage an einem dunklen, trockenen, gut belüfteten Ort trocknen lassen. Mit Meersalzflocken in ein dunkles Schraubglas füllen (ich nehme gern Maldon Sea Salt, weil es so feinknusprige Flocken hat). Das Blütensalz eignet sich gut als Streuwürze zu Landbrot mit Olivenöl, zu Fladenbrot oder Focaccia, gebratenem Fenchel, Radicchio, Chicoree oder Pilzen.

Suppenglückskraut

Liebstöckel führte bei uns lange ein Schattendasein. Einfach, weil die Leute so an Maggi gewöhnt waren. Weil die Flaschenwürze wie Liebstöckel riecht, stülpte man dem edlen Kraut sogar dessen Name über. In der österreichischen und überhaupt in der alpinen Küche schätzte man den Liebstöckel dagegen immer schon: keine hausgemachte Rindssuppe, keine selbstgemachte Hühnerbouillon ohne Liebstöckel! Die antiken Römer waren ebenfalls ganz verrückt nach ihm. Sie bereiteten daraus Dips nach Art des italienischen Pesto zu. Weil meine Oma aus Österreich stammte und es bei ihr nie, wirklich nie, ein Mittagessen ohne Suppe gab, war ich seit meiner Kindheit an den leicht salzigen, würzigen Geschmack des Liebstöckels gewöhnt. Ich würze noch heute jede Bouillon damit. Und plündere dafür im Hochsommer die Liebstöckelbüsche meiner Mutter.

- ungespritzter, frischer Liebstöckel aus dem Garten (oder Liebstöckel vom Bio-Bauern)
- Leinensäckchen

Den Liebstöckel mit den Stengeln abschneiden (die Stengel sind sehr aromatisch und können mitverwendet werden). Die Zweige bündeln, mit Küchenkrepp locker umwickeln und zusammenbinden. Umgedreht an einem trockenen, gut belüfteten, dunklen Ort durchtrocknen lassen (kann gut eine Woche dauern, gern auch etwas länger). Wenn sie trocken sind, bewahre ich die Kräuterzweige in einem Leinensäckchen auf.

Je nachdem, wie groß das Säckchen ist, kann man die Stengel ein- oder zweimal durchbrechen. So im Ganzen aufbewahrt, hält sich das Aroma besser, als wenn man die getrockneten Blätter in ein Schraubglas quetscht. Legt man den getrockneten Liebstöckel in die Suppe, faltet er sich auf und kann hinterher leicht rausgefischt werden.

Za'atar

Im östlichen Mittelmeerraum gedeiht ein wilder Ysop namens *Sa'tar*, der dieser Gewürzmischung den Namen gab. Ysop ist mit Bohnenkraut, Thymian, Oregano und Majoran verwandt. Die Gewürzmischung Za'atar wird im Nahen Osten mit Öl als Dip zu Fladenbrot gegessen. Da Sa'tar-Ysop bei uns nicht gedeiht, ersetzt man ihn durch Bohnenkraut und etwas Majoran. Bohnenkraut aus dem eigenen Garten kommt dem Aroma von Sa'tar erstaunlich nahe.

FÜR ⅛ L OLIVENÖL

- 4 EL ungeschälter Bio-Sesam
- 2 EL getrocknetes Bohnenkraut
- 1 TL getrockneter Majoran (Bio-Qualität)
- ½ TL Fleur de Sel
- 1 kleine getrocknete Chilischote (Peperoncino)

Sesam in einer beschichteten Pfanne bei milder Hitze goldbraun rösten, bis er zu knistern beginnt. Pfanne vom Herd nehmen, Sesam leicht abkühlen lassen. Wenn er handwarm ist, Sesam mit Bohnenkraut, Majoran, Salz und dem zerbröselten Peperoncino in ein Schraubglas füllen.

Zum Dippen (z. B. mit Fladenbrot, Landbrot, Baguette) die Gewürzmischung mit 1/8 l Olivenöl anrühren, in ein Schälchen geben. Die Mischung eignet sich auch zum Würzen von Frikadellen, überbackenem Ziegenkäse, Kartoffelgratin, Nudelauflauf, gebratenen Pilzen oder gegrilltem Gemüse.

Thymian-Trüffelpralinen

Das sind die einfachsten Pralinen der Welt. Nur das Schmelzen der Schokolade in der Sahne braucht ein wenig Zeit. Die lohnt sich aber: Je geringer die Wärme, desto länger braucht es. Und so kann der Thymian sein Aroma richtig gut an die Sahne und Schokolade abgeben.

- 200 ml Sahne
- 30 g Butter
- 300 g dunkle Schokolade (70–85 Prozent Kakaoanteil)
- 1 Büschel frisch geschnittener, sauberer Thymian
- kleine, rechteckige Auflaufform, mit Frischhaltefolie ausgelegt

Sahne mit der Butter in einen Topf geben. Thymian mit Küchenband umwickeln, in die Sahne legen. Bei milder Wärme (allerkleinste Flamme) den Thymian eine gute halbe Stunde in der Sahne ziehen lassen, dann die Zweige herausnehmen. Schokolade in die Sahne bröckeln und langsam schmelzen lassen. Dabei immer wieder einmal umrühren und kontrollieren, dass der Topf nicht wärmer als lauwarm wird.

Nach einer halben Stunde müsste die Schokolade in der Sahne komplett aufgegangen sein. Schokocreme mit dem Schneebesen aufschlagen, in die mit Frischhaltefolie ausgelegte Form gießen, kühl stellen (nicht in den Kühlschrank). Wenn die Schokomasse schnittfest ist, mit einem scharfen Messer in Würfel oder Rauten schneiden.

Pralinenwürfel zwischen Lagen von Backpapier in einer Dose kühl lagern. Bald essen – frisch schmecken sie am besten. (Die Pralinen eignen sich auch gut für heiße Schokolade: einfach mit kochender Milch aufgießen, umrühren.)

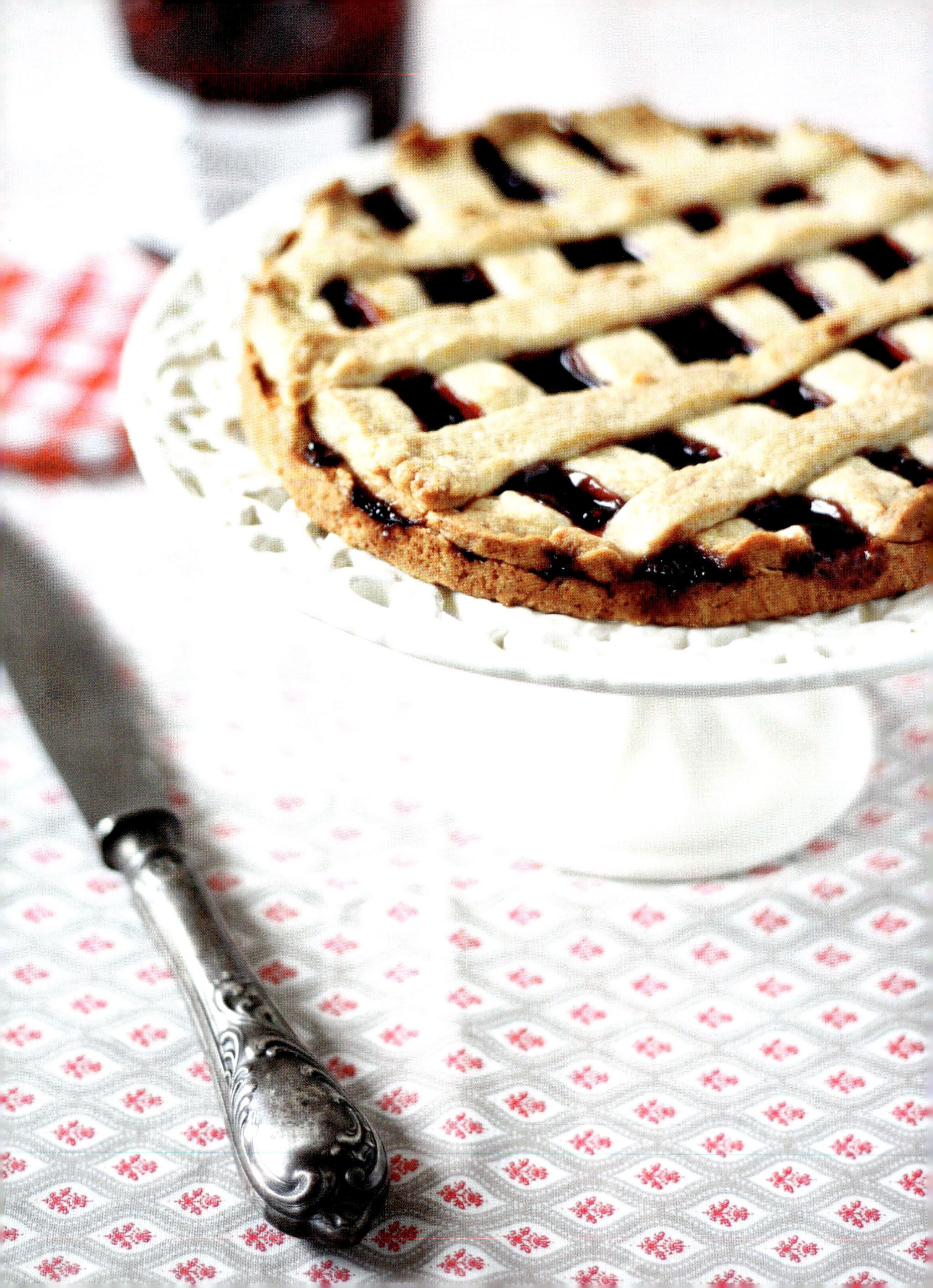

Alte-Marmeladen-Rebirthing-Kuchen

In italienischen Caffèbars sieht man sie oft: Mürbeteig-Tartes mit Marmelade und Teiggittermuster. Crostata heißt die Kuchenart. Sie sieht aus wie eine zu blass geratene Linzer Torte. Oft schmecken die Kuchen ein bisschen langweilig, vermutlich, weil sie zu lange in der Vitrine stehen. Aber frisch und hausgemacht sind sie wunderbar! Das allerfeinste Wiederauferstehungs-Ritual für Marmeladen, die schon etwas alt und tatterig geworden sind.

BACKZEIT: 40 MINUTEN

- selbstgemachte, noch gut essbare Marmelade (egal welche Sorte, Himbeere ist aber am besten)
- 200 g zimmerwarme Butter
- 100 g Puderzucker
- 1 Päckchen Bourbon-Vanillezucker
- 1 gute Prise Salz
- 1 Eigelb
- 1 TL Orangenblütenwasser
- 300 g Mehl
- 1 Msp Backpulver
- 6 gehäufte EL Marmelade
- 2 TL Maraschinolikör
- Schale ½ Bio-Zitrone

Ofen auf 180 °C vorheizen. Butter mit dem Handmixer cremig weiß aufschlagen, nach und nach Puderzucker, Vanillezucker, Salz und das Eigelb dazu geben, weiterschlagen, bis Zucker und Eigelb mit der Butter gut vermischt sind, dann das Orangenblütenwasser unterrühren. Mehl und Backpulver dazu sieben, kurz mit dem Handmixer einrühren, dann alles mit den Händen rasch zur Teigkugel formen.

Gut die Hälfte des Teigs auf Backpapier auf die Größe einer Springform ausrollen, mit dem Papier in die Form geben, Springformrand auflegen und befestigen. Aus einem Teil des Teigs eine dünne Teigrolle formen, um den Rand legen, leicht hochziehen und andrücken.

Marmelade mit Maraschino glatt rühren, auf dem Teigboden verteilen. Mit frisch geriebener Zitronenschale würzen. Aus dem restlichen Teig dünne Rollen formen, gitterförmig auf die Marmelade legen. Mit einem Gabelrücken Rillenmuster in die Teigstreifen drücken.

Kuchen ca. 40 Minuten backen, bis der Teig goldbraun ist. Mit Puderzucker bestäuben. (Ich habe festgestellt, dass keinerlei Vorteil darin liegt, diesen Teig vor dem Ausrollen und Backen kühl zu stellen. Im Gegenteil: der Kuchen wird auch so wunderbar mürbe und feinknusprig. Wenn ich etwas übrig habe, backe ich es kurz nochmal im Ofen auf – warm schmeckt er am besten.)

Eine von tausend Nächten
Ein orientalischer Flirt

»Drum pfiff sie auf die Sittsamkeit
und machte sich 'nen Schlitz ins Kleid
und fuhr hinauf nach Theben,
um sich dort auszuleben.«

*Schlager »In der Bar zum Krokodil«
von Willy Engel-Berger & Fritz Löhner-Beda, 1927*

Je nachdem, wie es um unseren inneren Orient bestellt ist, drückt sich das auch in unseren Gartenträumen aus. Toll trieben es da zum Beispiel die alten Engländer! Im Londoner Vergnügungspark *Vauxhall Gardens* eröffnete 1732 ein Verlustierhäuschen im orientalischen Stil. Es stand allen offen, Damen wie Herren. Mit seinen feinziselierten Mosaiken, schlanken Pfeilern und schattigen Nischen erinnerte es ein wenig an den Löwenhof der Alhambra.

Der Architekt Jonathan Tyers ließ sich für diese Vergnügungsarchitektur von einem Schauspiel inspirieren, das der Dichter John Milton einst dem Earl of Bridgewater gewidmet hatte. Es ging darin um den moralischen Wettstreit zwischen den Prinzipien der Tugend und der Lust; das Stück machte bei seiner Uraufführung 1634 Furore und erfreute sich seither in gehobenen Gesellschaftsreisen größter Beliebtheit. Sein Titel war *Comus*; das Stück handelte, nun ja: von ebenjenem Comus, einem Pan der antiken Mythologie, der sich auf die Zauberei verstand. Er mixte Rezepturen für allerlei lüsterne Hexentränke, darunter auch ein höchst wirkungsmächtiges Elixier namens *Orient Liquor*. Bedauerlicherweise hat uns der Dichter nicht die Zutaten überliefert, mit denen Comus diesen Trank zubereitete. Dafür berichtet uns Milton ausführlich von den wilden Absichten des Pans – dieser gedachte nämlich, den orientalischen Trunk tugendhaften Jungfrauen einzuträufeln, auf dass diese ihre guten Sitten fahrenlassen.

Der *Temple of Comus* – so hieß das Lusthaus in Vauxhall Gardens – umfasste eine Reihe halböffentlicher *Chambres Séparées* – mit Fresken bemalte, halbrunde Nischen, die zu den Spazierwegen hin offen waren. Man nannte sie *Supper Boxes*. Dort trafen sich Ladies und Gentlemen zu Speis und Trank, allein zu zweit. Allzuweit konnte man in diesen einsehbaren Nischen nicht gehen, aber zumindest ließ sich da mit einem gewissen Thrill mit diesem und jenem liebäugeln. Der Reiz der Exotik beflügelte die eleganten Flirts.

Die orientalische Sinnenwelt bot sich bereits damals als schillernde Projektionsfläche für erotische Träumereien an. Die Vorstellungen von einem schwülen Garten der Lüste hatten sich dank der Folklore in den abendländischen Köpfen festgesetzt: »Die Blumen dieses Gartens waren wie Perlen und Korallen, die Röte der Rosen beschämte die Wangen der Schönen, die Narzisse blickte mit ihren schwarzen Augen nach der Rose hin, und der Zephir seufzte bei milder Temperatur«, heißt es in der *Geschichte Nureddins mit Enis Aldjelis* aus Tausendundeiner Nacht.

In der Erzählung wird der Garten dem Kalifen Harun al-Raschid zugeschrieben. Nureddin, Sohn eines Wesirs, ist darin mit einer Haremssklavin zu Gast. Die beiden lustwandeln unter blühenden Obstbäumen. Nachtigallen zwitschern, Turteltauben girren, ein Bach murmelt, und die Luft ist erfüllt vom süßen Duft der Zitronenblüten. Hier und da blitzt durch das Blätterdach der Bäume der Flackerschein wohlriechender Öllampen; am Ende des Gartens wartet in einem Säulensaal der gedeckte Tisch für das Mahl.

Der Garten Eden deckt den Tisch

Dieser mythische Orient ist ein Phantasieland ohne trennende Konturen. Es ist nicht auszumachen, ob es sich um einen maghrebinischen, levantinischen, indischen oder mesopotamischen Orient handelt, auf jeden Fall ist es ein geschichtenschwangeres Morgenland der Babylonierkönige und hängenden Gärten, der bauchtanzenden Odalisken, glutschwarzen Augen und verführerisch wirbelnden Schleier. Ein Traumland der Ausschweifungen und Lüste – die Märchen aus Tausendundeiner Nacht sind ihrem Ursprung nach Erwachsenengeschichten. In der altägyptischen Mythologie lebte in der Sykomore, der Maulbeer-Feige, einem der wenigen schattenspendenden Bäume des Vorderen Orients, die Göttin Osiris. Sie wurde als Schutzpatronin des Lebens und der Liebe verehrt, galt als verschwiegene Verbündete, die das Liebesnest beschattete – gern traf sich der Pharao in ihrem Schatten mit seinen Gespielinnen.

Die Gärten des alten Orients waren geheimnisvolle Orte, umgeben von Mauern und Myrtenhecken, im Inneren prächtiger Paläste. Im Grunde waren sie mehr Hof als Garten, Vorhöfe des Allerheiligsten – des Harems, Wohntrakt der Frauen. Die Palastdamen waren mehrheitlich Sklavinnen; ihr Anblick gehörte allein dem Sultan, Mogul oder Kalifen und dessen männlichen Gästen, Freunden, Anverwandten. Der Garten der Frauen lag nach außen streng abgeschirmt, niemand konnte hineinspähen. Für die Haremsdamen mag er ein Schutzraum gewesen sein. Ob sie ihn als goldenen Käfig empfunden haben? Es wird überliefert, sie hätten dort gesungen und getanzt, Geschichten erzählt und üppig gespeist, ihre Schönheit gepflegt und sich gegenseitig verwöhnt. Das Wort Paradies kommt aus dem Altpersischen und bedeutete ursprünglich: umzäunter, umschlossener Ort. Sollte dieses Paradies im Orient gelegen haben, gediehen dort mit Sicherheit Madonnenlilien und Maulbeerfeigen, Zedern und Myrten, Granatapfelbäume und Dattelpalmen, auch Efeu und Veilchen – und wenigstens drei Sorten Aprikosenbäume: Kampfer-, Mandel- und Chorazan-Aprikosen, wie die Überlieferung erzählt.

Bevor in der *Geschichte der drei Kalender* aus Tausendundeiner Nacht der Tisch für das Liebesmahl gedeckt wird, eilt eine Wirtschafterin in den Souk, um dort einzuholen, was der Garten Eden für den sinnlichen Genuss bereithält: Weihrauch, Zuckerrohr, Pistazien, wohlriechende Blumen und Wachslichter. »O Tag des Glücks! O Tag der Freude!« entfährt es dem Lastenträger, der die Einkaufskörbe der Wirtschafterin hinterher schleppt – dann folgt er ihr neugierig und begehrlich in das Innere des Palastes, wo bereits der Saal vom Duft des Ambra erfüllt ist.

»Sie sahen bald, wie die Frau, nachdem sie eine Weile
im Garten umhergegangen war, sich an ein Bächlein setzte,
ihren Mann zu sich rief und ihn küsste.«

TAUSEND UND EINE NACHT
Die Geschichte des Gärtners und seiner Frau

Punktlandung im Morgenland
Tipps für eine Orient-Oase

So, wie es fürs Oktoberfest eine Flut an Trachtenkrimskrams gibt, bietet sich auch für das orientalische Lebensgefühl ein Rausch der Sinne an: bunte Gläser und Talmi-Shishas, Mosaikmöbelchen und Ali Baba-Flitter türmen sich in manchen Läden wie der Sand in der Wüste im Lande Kitschnaphur.

Da ist es gar nicht so einfach, noch etwas Einzigartiges, Individuelles zu finden. Aber man kommt ihm auf die Spur, wenn man darüber nachdenkt, in welchen Gestaltungsformen sich die Kultur des alten Orients heute nachempfinden ließe. Ob sich wohl dekorative Arrangements finden lassen, die die traditionelle Seele des Morgenlandes versinnbildlichen? Schöne Dinge, in denen die Magie eines Kulturraums aufscheint, der von Indien bis Marokko reicht, der Wüsten kennt und Meeresküsten, Oasen und trockene Täler, die grelle Buntheit der Souks ebenso wie die stillen, einsamen Farben der Dünen? Ja – diese Symbole gibt es. Und sie eignen sich sogar ganz hervorragend für das dekorative Spiel. Weil sie uns nicht auf eine bestimmte Nutzung festlegen. Weil in ihnen ein reizvoll lockendes Wesen wirkt: sinnlich, wohlriechend, das Auge verführend, geheimnisvoll und auch ein wenig flatterhaft. Damit hebt unsere Phantasie ab, als säße sie auf einem fliegenden Teppich!

Was würde eine moderne Scheherazade tun, wenn sie ihren Garten in eine Oase der Sinne verwandeln möchte? Vielleicht dies:

DIE SOMMERLUFT PARFÜMIEREN: Einer der Heiligen Drei Könige brachte dem Jesuskind Myrrhe an die Krippe – gleichwohl hat Weihrauch im Orient aus vielerlei Gründen nichts mit Winter und Weihnacht zu tun. Räucherwerk gehört im Morgenland traditionell zum Alltag, als Medizin, spiritueller Begleiter, sinnliches Erlebnis und festliches Dekor. Gerne übrigens auch im Freien! In den Märchen aus *Tausendundeiner Nacht* erfüllt der Duft von Räucherwerk den Garten, wenn eine Odaliske im Schatten der Nacht einen Prinzen erwartet. Besonders schön im Sommer: getrocknete Kräuter räuchern. Es eignen sich dafür: Lavendel, Lorbeer, Thymian, Salbei, Rosmarin, Bohnenkraut – letztere spielen auch in der orientalischen Liebeskunst eine Rolle.

Wie geht man dabei vor? Entweder nehmen Sie eine größere Feuerschale und legen die getrockneten Kräuterbündel auf die durchgeglühte Holzkohle (das am feinsten duftende Holz dafür ist übrigens Birke, Buche oder Zeder). Oder sie entzünden Räucherharz, zum Beispiel Myrrhe oder eine helle orientalische Mischung, und legen, wenn es glüht, eine paar kleingeschnittene, getrocknete Kräuterzweige darauf. Wichtig: nicht mit dem Räucherwerk sparen, es darf ruhig großzügig verwendet werden! Angenehmer Nebeneffekt: die Mücken machen die Biege (siehe Bezugsquellen).

DIE BLUME DES GEWÜRZBASARS SÄEN: Wenn es dämmert, schlägt die Stunde des rosa und weiß blühenden Gemshorns. Das ist eine Pflanze der Gattung der Levkojen. Sie entfaltet ihren Duft bei Nacht – und verströmt mit ihren warmen Zimt- und Nelkennoten das Flair eines Gewürzbasars. Sie gedeiht wunderbar in unserem Klima und kann ab April im Freien aus Samen gezogen werden (siehe Bezugsquellen).

DEN HIMMEL SPIEGELN: Wasser spielt in der orientalischen Gartenkunst eine bedeutsame Rolle. Das hat naturgemäß mit der Trockenheit zu tun, dem Wüstenklima, der Suche nach einer Quelle, wenn die Karawane über die Seidenstraße zog. Im alten Orient bedeutete Wasser Reichtum, man konnte aus dem Vollen schöpfen.

Gipfel des Luxus: sich Wasserspiele zu leisten, das Wasser nur der Schönheit wegen zu nutzen. Große, flache Becken mit stillem, klaren Wasser, auf dessen spiegelnder Oberfläche die Wolken ihren Tanz aufführen – das war ein exklusives Schauspiel für Sultane und Kalifen. Deshalb: kein orientalischer Garten ohne Wasser!

SEEROSEN EN MINIATURE PFLANZEN: Nicht jede kann oder möchte sich einen Seerosenteich anlegen. Es geht auch weniger aufwendig! Die märchenhaften Gewächse benötigen nur eine gewisse Tiefe, also hohe Behälter, dann fühlen sie sich sogar auf einem Balkon wohl. Sehr schön für Einzelpflanzen: hohe Bodenvasen oder dekorative Kübel oder Übertöpfe mit breiter Öffnung. Seerosen gibt es in der Regel ab Juni in Gartencentern zu kaufen. Am besten nimmt man eine kleinwüchsige Sorte. Und, wichtig: Unbedingt einen Platz an der Sonne geben!

WOHLRIECHENDE WÄSSERCHEN BEREITSTELLEN: Parfümiertes Wasser ist eine orientalische Eigenart. Damit ist nicht Parfüm gemeint! Sondern Wasserspiele, etwa Brunnen oder Wasserschalen, die nach Blüten und Gewürzen duften. Das kann selbst in einem Reihenhausgarten im Abendland seine Wirkung entfalten. Etwa, indem man breite Glasschalen als Tischdeko arrangiert und mit ätherischen Ölen parfümiert. Für den Sommer besonders geeignet: die ätherischen Öle von Myrte, Zeder, Verbene oder der persischen, bulgarischen oder türkischen Rose (siehe Bezugsquellen).

DIE HÄNDE IN ROSEN BADEN: Bevor man sich zu Tisch setzt und speist, reinigt man sich die Hände. Am Hofe des Kalifen reichten sinnliche Dienerinnen den Gästen dampfende, mit Rosenwasser besprenkelte Tücher. Heute gilt: Selbst ist die Frau! Am einfachsten geht es so: Heißes Wasser ins Waschbecken laufen lassen, großzügig mit dem ätherischen Öl von türkischer oder bulgarischer Rose besprenkeln. Tücher eintauchen, auswringen. Ich nehme dafür extraflauschige, türkisfarbene Frotteetücher – weil das sonnige Meeresblau schon bei seinem Anblick gute Laune macht.

DAS NASS ERLEUCHTEN: Wenn es dunkel wird, erstrahlen die orientalischen Wasserspiele in den leuchtendsten Farben. Schwimmkerzen sind jetzt ein Muss! Und ein Fest für die Sinne – wenn man sie in die Glasschalen mit dem parfümierten Wasser setzt. Für schöne Blütenträume: Immer mal wieder ein paar Tropfen ätherisches Rosenöl in das warme Wachs träufeln – das fördert die Flirtlaune!

GLÜCKSKÄFER ZUM GLITZERN BRINGEN: Der Scarabäus, im Volksmund Heiliger Pillendreher genannt, ist im Mittelmeerraum und im Nahen Osten zu Hause und war im alten Ägypten das Symbol für die Sonne und das ewige Leben. Mehr Glück geht wohl kaum! Mein Großvater war Edelsteinschleifer; er hinterließ unserer Familie eine Sammlung geschliffener Scarabäen aus Lapislazuli, Turmalin, Jaspis oder Tigerauge. Die lege ich zur Dekoration in eine Schale mit Wasser. Wenn die Sonne darauf scheint, glitzern die Steine um die Wette. Und ich hoffe insgeheim, dass ihr Glück auf meine Gäste abstrahlt!

MAGISCHES BLAU ZAUBERN: Außer Gold ist keine Farbe so mit der Symbolik des alten Orients verbunden wie das Blau. Insbesondere das magische Ultramarinblau, wie es so rein und pur nur aus Lapislazuli gewonnen werden kann. Noch heute kommt dieser Halbedelstein aus Afghanistan; im alten Orient wurde er quer durch die Wüste über die Edelsteinstraße gehandelt. Echtes Ultramarinblau kann man heute noch kaufen. Das Pigment lässt sich mit vielerlei Farbgrundlagen mischen – und ergibt ein strahlendes, tiefgründiges, ungemein beruhigendes, himmlisches Blau. Zum Beispiel für Außen- und Innenwände, zum Bemalen von Gartenhäuschen, Paravents, Blumentöpfen, Kieselsteinen (siehe Bezugsquellen).

MIT DEM FLIEGENDEN TEPPICH LANDEN: Okay, Sie haben sich bei Ihrem letzten Marrakesch-Urlaub diesen Teppich andrehen lassen. Und Sie wissen seitdem nicht, wohin mit dem Stück? Geben Sie ihn bloß nicht weg! Der macht sich nämlich prima auf Ihrem Rasenlandeplatz. Decken Sie doch einmal Ihr Orientmahl auf diesem Teppich ein. Nur auf ihm gilt nämlich der Spruch: Viel hilft viel! Auf dem Orientteppich dürfen Sie endlich all Ihre *Sesam öffne dich*-Schätze dekorieren, all die Keramikschalen und Gewürzmühlen und goldgeränderten Teegläser und Messingtabletts, die Sie den fliegenden Händlern im Souk einfach nicht abschlagen konnten. Auf dem Teppich sieht das alles großartig aus. Ja, nachgerade: abgehoben!

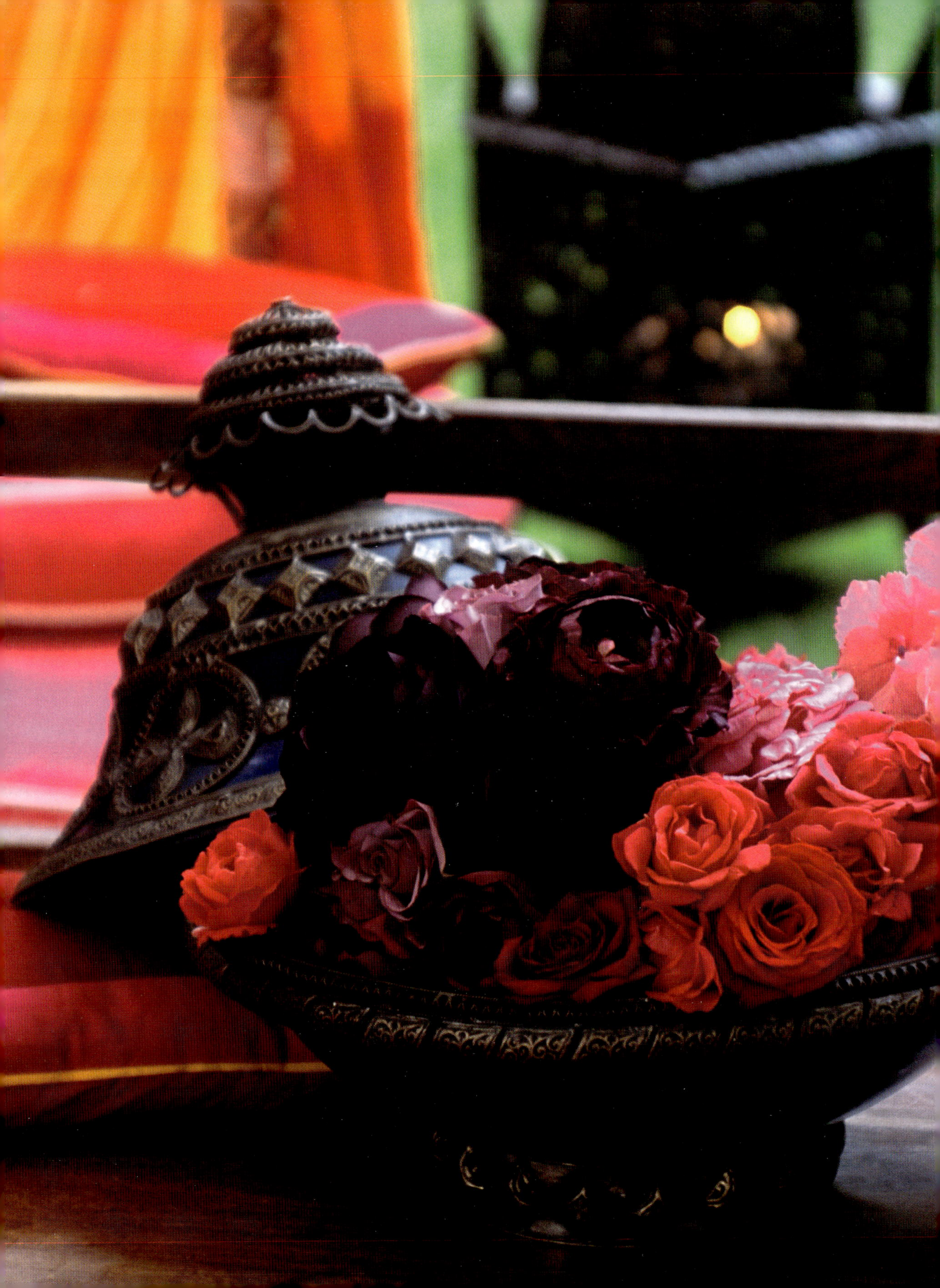

Sesam, öffne Dich!
Meine orientalischen Küchenschätze

Seitdem ich mal ein paar Jahre mit einem Perser befreundet war, bin ich der orientalischen Küche verfallen. Ihre sonnigen Farben, ihr warmer Wohlgeruch und der Anblick all ihrer herrlichen Kräuter, Gemüse, Früchte, Gewürze und Blüten machen mich glücklich. Meist koche ich frei Schnauze, lasse mich von Erinnerungen tragen und von Zutaten inspirieren. Oder ich gehe orientalisch essen und koche es zu Hause nach – aus dem Gedächtnis, mit einem etwas anderen, eigenen Touch. So haben sich mit der Zeit ein paar Lieblingsgerichte herauskristallisiert. Hier sind ein paar davon.

Aprikosen-Hackfleischbällchen

Je länger man diese Hackbällchen im Rohr lässt, desto mehr schmurgeln sie in sich zusammen. Man weiß dann nicht mehr, was ist Fleisch, was Frucht. So schmecken sie mir am besten!

FÜR CIRCA 20 STÜCK

- 2 dicke Scheiben Kastenweißbrot
- etwas Milch
- 250 g Kalbshackfleisch
- 2 Schalotten, sehr fein gehackt
- etwas Frühlingszwiebelgrün, in dünne Streifen geschnitten
- 1 Ei
- ½ Knoblauchzehe, fein gehackt
- 1 TL gerebelte Minze
- 3 Kapseln Kardamom (nur die Samen verwenden)
- ½ TL Schwarzkümmel
- 1 Prise Muskatblüte
- Schale ½ Bio-Zitrone
- Salz
- 20 ganze getrocknete Aprikosen
- Olivenöl zum Braten

Kastenweißbrot in Milch einweichen. Hackfleisch, Schalotten, Frühlingszwiebeln und Ei in eine Schüssel geben, das eingeweichte, ausgedrückte Brot und die Gewürze dazu geben. Mit den Händen zu einem geschmeidigen Teig kneten, so dass eine feine, homogene Masse entsteht, mit Salz abschmecken. 20 kleine Hackbällchen daraus formen, mit je einer ganzen getrockneten Aprikose in der Mitte. Die Frucht soll ganz von der Hackfleischmasse umschlossen sein.

Eine Auflaufform mit Öl bepinseln, Hackbällchen hinein legen, etwas Öl darüber träufeln. Bei 150 °C im Ofen circa 45–60 Minuten braten. Lauwarm servieren. Dazu schmeckt das Minzepesto.

Minzepesto

Minze wirkt kühlend, das ist an warmen Abenden willkommen. Obwohl ihr Aroma intensiv wirkt, ist es sensibel. Es kann leicht von anderen Zutaten, wie etwa Käse, dominiert werden. Deshalb verzichte ich bei diesem Pesto auf den Parmesan (auf Fetakäse geträufelt, schmeckt das Pesto hingegen wunderbar). Und noch ein Tipp: die Minze muss wirklich aromatisch und würzig sein, also genügend Sonne getankt haben!

- ½ Bund frische Minze
- 50 g Pinienkerne
- 50 ml Mandelöl
- 75 ml Olivenöl
- Schale ½ Bio-Zitrone

Minzeblätter von den Stielen zupfen, Blätter grob hacken, mit etwas Olivenöl kurz im Mixer pürieren, Pinienkerne und restliches Öl dazugeben, alles rasch zu einem Brei mixen. Mit Zitronenschale abschmecken. (Da das Aroma der Minze relativ flüchtig ist, verwende ich das Pesto immer sofort. Es hält sich aber auch im Schraubglas, mit Olivenöl bedeckt, ein paar Tage im Kühlschrank).

Hummus-Quark-Dip

Dieses Rezept kam zustande, als ich mal Hummus machen wollte und zu spät bemerkte, dass keine Sesampaste (Tahini) mehr im Haus war. Die Läden waren zu, also kam mir die Idee, die Kichererbsen mit Quark anzurühren. So entstand dieser Dip, der mir inzwischen lieber ist als traditionelles Hummus – er wirkt leichter, sommerlicher.

- 1 kleine Dose Kichererbsen (400 g Einwaage)
- 6 EL Quark, halbfett
- etwas Olivenöl
- Kreuzkümmel, gemahlen
- Schale ½ Bio-Limette
- Meersalz
- etwas Pistazienöl
- gemahlene Pistazien, Schwarzkümmel und Sesam zum Bestreuen

Kichererbsen in ein Sieb geben, kalt abbrausen, abtropfen lassen, in einer Schüssel mit dem Kartoffelstampfer grob pürieren. Anschließend die Masse durch ein Haarsieb streichen. Die feine Kichererbsencreme mit dem Quark und etwas Olivenöl glatt rühren, mit Kreuzkümmel, Meersalz und Limettenschale würzen. In eine flache Schüssel füllen, in die Mitte eine Mulde drücken, etwas Pistazienöl darüber träufeln und mit gemahlenen Pistazien, Schwarzkümmel und/oder geröstetem Sesam bestreuen. Wer mag, steckt noch zwei geschälte, halbierte Knoblauchzehen hinein.

Frühlingszwiebeln mit Korinthen und Chili

Ein Snack für Verliebte: mit Biss, lieblicher Note, anregender Schärfe und einer Prise gewisses Etwas. Definitiv eine Verführung!

- Olivenöl zum Braten
- 1 Bund Frühlingszwiebeln
- 1 EL Korinthen
- 5 kleine getrocknete Chilischoten (Peperoncini)
- 1 TL Korianderkörner
- eine gute Prise Roh-Rohrzucker
- Meersalz

Frühlingszwiebeln putzen, in drei Zentimeter lange Stücke schneiden. Olivenöl in eine Pfanne geben, Zwiebeln bei milder Hitze darin circa 2 Minuten braten, Korinthen, Gewürze und Zucker dazugeben, alles gut eine Minute karamellisieren lassen. Mit Meersalz abschmecken, lauwarm servieren.

Karottensalat mit Himbeeren und Pinienkernen

Gegensätze ziehen sich an: Hier die kernigen Karotten, da die sanften, molligen Himbeeren. Gemeinsam sind sie ein tolles Paar – geschmacklich wie fürs Auge!

- 2 EL Pinienkerne
- 4 mittelgroße Karotten
- einige Zweige frischer Thymian
- eine Handvoll frisch gepflückte Himbeeren
- Zitronenolivenöl
- Fleur de Sel

Pinienkerne in einer Pfanne bei milder Hitze rösten, kurz abkühlen lassen. Karotten schaben, grob raffeln, in eine flache Schale geben. Großzügig mit frischen Thymianblättchen bestreuen. Himbeeren und Pinienkerne darauf legen. Mit Fleur de Sel würzen, Zitronenolivenöl darüber träufeln. Erst kurz vorm Servieren alles vorsichtig mit zwei Löffeln mischen.

Lorbeer-Zimt-Brathähnchen

Das ist ein Rezept aus dem antiken Rom. Die Römer übernahmen es von den Griechen. Und die wiederum von den Kulturen im Nahen Osten. Und wahrscheinlich gefiel den alten Orientalen daran das Gleiche wie dem Franzosen Brillat-Savarin im achtzehnten Jahrhundert. Der Gastrosoph meinte nämlich, gebackenes Geflügel sei die ideale Näscherei für feinschmeckerische Damen. Weil es ihnen Spaß mache, die zarten Teilchen mit der Hand zu essen. Und weil die Herren es aufreizend fänden, den Damen dabei zuzusehen …

- 1 kleines Brathähnchen
- etwas Olivenöl für den Bräter
- einige Zweige frischer Lorbeer
- 4 Zimtstangen (am besten Ceylonzimt)
- ½ Bio-Zitrone, halbiert
- Butter
- Meersalz

Hähnchen außen und innen waschen, trockentupfen, der Länge nach halbieren, die Innenseite mit Meersalz würzen. Einen flachen Bräter mit Olivenöl bepinseln, Lorbeer als Bett darauf legen, Zimtstangen und die beiden Zitronenviertel darauf verteilen. Hähnchen mit der Hautseite nach oben aufs Gewürzbett legen, mit Frischhaltefolie bedecken, einen Tag in den Kühlschrank stellen, damit das Lorbeeraroma gut einzieht.

Zum Braten: Ofen auf 160 °C vorheizen. Folie abnehmen, Butterflöckchen großzügig auf den Hähnchenhälften verteilen, Huhn ins Rohr schieben. Eine gute Stunde goldbraun braten, dabei immer wieder mit der Bratbutter beträufeln. Fünf Minuten vorm Servieren nochmals mit Butter beträufeln und auf der Hautseite mit Meersalz würzen. Dazu: Baguette.

Liebesdüfte
Potpourris aus dem Garten

»Auf der grünen Wiese, hab' ich sie gefragt,
ob sie mich wohl ließe. Ja, hat sie gesagt.«

*Refrain des Schlagers »Auf der grünen Wiese«
von Bruno Hardt-Warden und Rudolf Köller*

Natürlich hat auch die Göttin der Liebe einen eigenen Garten. Er liegt irgendwo in Griechenland, die Göttin heißt Aphrodite und gehört zum antiken griechischen Götterclan. Möglicherweise liegt er aber auch im alten Rom – die Römern tauften Aphrodite in Venus um.

Einerlei, mag sie heißen, wie sie mag – in beiden Kulturen ist die Göttin mit einer atemberaubenden Schönheit gesegnet. Ein Kind von Traurigkeit ist sie ebenfalls nicht; sie lässt es in den Liebeskünsten krachen, ihre Galane stehen Schlange. Im Laufe ihres immerwährenden Lebens hat sie, wenn sie auf die Erde herabschaut, bereits viele Zeitalter verstreichen, viele Lieben verglühen und viele Tränen fließen sehen, jedoch in ihrem himmlischen Garten, der keinen Winter kennt, wachsen immerdar die wundersamsten Kräuter und Wurzeln und Blüten, die die Liebe erwecken und frischhalten oder immer wieder aufs Neue zum Blühen bringen.

Ein Hauch von Dolcevita schwebt da in der Luft – der warme, von einem dunklen Ton durchzogene Duft der Mittelmeerkräuter. Thymian, Ysop und Oregano, Bohnenkraut und Majoran, Lavendel und einige andere sattsam bekannte Brüder und Schwestern aus der Familie der Lippenblütler stehen der Göttin zu Diensten. Für Göttinnen ist die Sache einfach klar: Kräuter besitzen nun einmal Zauberkräfte. Man braucht sie nur anzuzünden und dem Rauch magische Worte hinterherzuschicken: *Sator arepo tenet, tenet opera rotas.* Die Liebe ist eine Zaubermacht; nur Göttinnen können ihre kapriziöse Vorsehung lenken – locken und sich entziehen, versprechen und versagen, binden und trennen.

Die Venusfalle – Liebeskräutlein für alle Fälle

Mit Kräutern die Liebe befeuern – solche Zauberrituale sind vermutlich so alt wie die Menschheit selbst. Die Steinzeitdamen konnten ihre liebesmüden Paarungsgenossen nun einmal kein Viagra verabreichen. Sie behalfen sich mit Hexenwerk aus der Natur, nicht nur bei Unlusterscheinungen. Pülverchen, Tränke, Pastillen und Räucherwerk aus Kräutern galten früher nicht als Mummenschanz, sondern als das Normalste der Welt. Das Wissen, wie man die charmanten kleinen Helferlein herstellt, kam erst aus der Mode, als die moderne Wissenschaft auf den Plan trat. Bis dahin galten Kräuter als das Mittel der Wahl in allerlei misslichen Situationen, in denen man sich Besserung erhoffte, sei es nun gesundheitlicher Art oder in den Fragen der Liebe.

Wie genau die ätherischen Öle der Kräuter und Blüten wirkten – das gehörte zum weiblichen Erfahrungs- und Überlieferungsschatz. Die Mutter gab es an ihre Tochter weiter, die Dorfälteste an ihre Nachfolgerin. Und dann gab es ja noch die Mönche und Nonnen in den Klöstern. Sie widmeten sich in ihren Heilkräutergärten dem Studium der pflanzlichen Wirkungskräfte. Heute gehört ihr Wissensschatz zu den Grundpfeilern der modernen Pflanzenheilkunde.

Wie welches Kraut einzusetzen ist, welche geheimen Eigenschaften in ihm schlummern und welche zauberhaften Dinge sich damit anstellen lassen, ist nicht an den Haaren herbeigezogen – und man sollte auch keinesfalls die Beschlagenheit der Klosterleute in solchen Belangen unterschätzen! Ein wenig in Vergessenheit geraten ist dieses Wissen indessen schon. Und dem möchte die Gartenfreundin mit ihrem Liebesgarten nun ein wenig gegensteuern. Sie hegt und pflegt ein Liebesbeet mit Kräutlein für gewisse Stunden:

Für freche Flirts

Ich glaube, er hat angebissen. Die Angel hole ich mir jetzt gaaaaanz langsam ein. Dabei lasse ich all meinen Charme und mein Zauberwissen spielen:

Duftpelargonie: Belebt die Gedanken und die Phantasie. Lässt uns beim Flirten die richtigen Worte finden.
Eisenkraut: Macht keck und fröhlich. Und auch ein bisschen übermütig.
Fichtennadel: Macht lässig und entspannt. Ergo: ziemlich attraktiv.
Pfefferminze: Ich kenne mich selbst nicht wieder: rede dummes Zeug, lache ein bisschen zu laut. Und werde – Gott behüte – jetzt auch noch Rot! Ich bin vor lauter Verknalltsein ziemlich knapp vorm Durchdrehen. Die Liebesgöttin empfiehlt: Minzeblätter kauen! Sogleich hat die Dame ihre Contenance wieder.
Rosmarin: Oh, wie mein Herz klopft! Aber er darf es nicht merken! Ist noch zu früh, wir kennen uns noch kaum … Rosmarin beruhigt in solchen Momenten, macht jedoch nicht müde, sondern stellt dankenswerterweise die Antennen auf Empfang.

Bei Schmetterlingen im Bauch

Ist das ein schönes Gefühl? Oder ist das ein grässliches Gefühl? Dieses Grimmen und Grummeln im Bauch vor dem ersten Date. Und, oh weh – hoffentlich kriege ich jetzt keine Schwitzflecken unterm Arm! Besser, ich beruhige mich erst einmal. Wenn er kommt, und ich ihn wiedersehe, endlich – will ich schließlich keine Schnappatmung kriegen!

Basilikum: Gilt im Orient als das Liebeskraut schlechthin. Macht frisch, hellwach, neugierig. Sein Name bedeutet: königlich. Die Perser widmeten ihm ein eigenes Märchen: *Das Basilikummädchen.* Es geht darin natürlich um die Liebe. Und in Wirklichkeit? Wirkt Basilikum märchenhaft beruhigend auf den Magen – denn die Schmetterlinge im Bauch sollen es ja nicht zu doll treiben!
Dill: Gilt als altes Zauberkraut. Ist als Gurkensalat-Gewürz hoffnungslos unterfordert. Lieber möchte er zeigen, was in ihm steckt:

Er kann Flatternerven besänftigen und die Aufgeregtheit vorm ersten Rendezvous so fein regulieren, dass wir mit einem Male ganz cool wirken. Wir wollen ja schließlich erobert werden, nicht?

Estragon: Einladung zum romantischen Dinner? Und dabei Sie sind so aufgeregt, dass Sie keinen Bissen herunterkriegen? Dann kauen Sie auf dem Wege dorthin ein bisschen Estragon. Das beruhigt – zunächst. Macht dann aber: Appetit auf mehr.

Majoran: Die alten Ägypter weihten das Gewürzkraut der Göttin der Liebe, Osiris. Im antiken Griechenland parfümierten sich Liebespaare mit Majoranöl. Es duftet ja auch so warm und verführerisch – und macht herrlich locker.

Zur Sache, Schätzchen!

*Die erste gemeinsame Nacht. Am Morgen danach
greift die Liebesgöttin zu:*

Oregano: Vertreibt die süße Schläfrigkeit.
Rose: Die Nacht war schön. Aber wie geht es weiter? Geht es überhaupt weiter? Will er meine Nummer? Gebe ich sie ihm? Nachdenken ist jetzt Quatsch. Besser, man genießt den Moment. Rose wirkt jetzt ausgleichend. Sie temperiert die Gefühle. Die beste Strategie: Immer schön locker bleiben!
Thymian: Bringt uns ins Hier und Jetzt zurück. Denn bei aller Liebe: Arbeiten müssen heute wir trotzdem!

Schlaflos in Wuppertal

... oder in Oberhummel, Hinterhaxthausen oder Wanne-Eickel – ganz gleich, wo: Verliebt sein ist anstrengend. Und kann manchmal schlaflose Nächte bereiten. Liebt er mich? Liebt er mich nicht? Liebe ich ihn noch? Egal, ob Sturm der Liebe oder Liebeskummer – das hier hilft vielleicht:

Lavendel: Echt jetzt, ich sollte mein Leben wieder in den Griff kriegen. Bin kaum noch eine Nacht zu Hause. Der Typ hat ein Boxspring-Bett! Trotzdem: Heute ist Schönheitsschlaf angesagt. Früh zu Bett. Allein ...
Melisse: Einfach daran schnuppern – schon zaubert das ein Lächeln aufs Gesicht. Selbst, wenn wir gerade schlussgemacht haben ...
Myrte: Vertreibt das Grübeln. Und dunkle Gedanken. Und beschert süße Träume!
Salbei: Kloß im Hals, Liebeskummer. Oder etwas in den falschen Hals gekriegt? Gestritten, gar? Dann am besten erst mal Salbei nehmen. Gurgeln, Tee trinken. Das lässt durchatmen. Und beruhigt die Nerven.

»Sie lächelte und ging dann noch zu einem Gewürzhändler,
kaufte bei ihm Moschus, Rosenöl, Weihrauch, Ambra
und viele andere Gewürze.«

TAUSEND UND EINE NACHT
Geschichte der drei Kalender

Rendezvous im Liebesgarten

Das Personal für das Liebesnest im Grünen braucht ein Gespür für die Übertreibung. Es muss alles aufbieten, was es in petto hat, um eine romantische Atmosphäre zu schaffen. Also bitte nicht nur Amselgezwitscher, sondern ein ganzes Vogelkonzert. Sanftes Grün in allen Schattierungen, eine Blättersymphonie aus Rascheln und Rauschen. Ein Blütenmeer, das überschäumt. Vielleicht auch noch ein lauer Wind, possierliche Tierchen, die das Liebespaar wohlwollend beäugen. Eine Mecki-Familie, ein Reh? Warum nicht! Falls Sie meinen, das sei unerträglicher Kitsch und Lore Roman-Zuckerguss: Blättern Sie mal wieder in den mittelalterlichen Epen. In den Heldensagas unserer Vorväter zählen solche Liebeshaine zum Standardrepertoire. Man nennt sie dort *locus amoenus*, lieblicher Ort. Da trifft sich zum Beispiel Tristan mit Isolde. Und was machen die beiden da?

IM BLÜTENREGEN SITZEN: Liebesgeflüster auf einem Bett aus Blüten … das hat was. Natürlich würde das auch großartig auf einem Bett aus Rosen funktionieren. Raffinierter und entschieden divenhafter wären jedoch Kirschblüten. Ein Meer aus federleichten, buttercremerosa Japanischen Kirschblüten! Einziger Nachteil bei so einem kapriziösen *locus amoenus*: Es braucht eine Ewigkeit, bis der Kirschblütenbaum der Pubertät entwachsen ist. Aber die Vorfreude steigert ja das Verlangen.

BLÜTEN VERNASCHEN: Es gibt kandierte Blüten, und es gibt kandierte Blüten. Die Gekauften sind meist klebrig und zuckrig. Die Selbergemachten sind, nun ja: mühsame Fisselarbeit. Und sie sehen, wenn wir ehrlich sind, auch nicht immer gerade dufte aus. Und dann gibt es noch kandierte Blüten aus kleinen Manufakturen. Das sind zauberhafte, heimische Blüten, ohne dicke Zuckerkruste. Als verführerisches i-Tüpfelchen für Sorbets, Cremes oder Törtchen (siehe Bezugsquellen).

DIE SINNE SCHÄRFEN: Zusammen ein Schnupperpraktikum machen. Unterm Baum liegen. Augen zu. Tief durch die Nase atmen. Riechst Du den Sommer? Das Parfüm der Blätter, wenn der Wind durch die Baumkrone streicht? Den Geruch des Grases, auf dem wir liegen? Haben Vogelfedern einen Duft? Können wir das Kätzchen wittern, das hinter der Hecke schleicht? Den Duft der Erde aufnehmen? Die Dämmerung? Was meinst Du: Trägt die Luft ein neues Parfüm auf, wenn es Nacht wird?

EINEN SARI TRAGEN: Die Verhüllung ist Teil der Verführung. Das ist in der Liebe nicht anders als beim Pralinennaschen: Es muss ordentlich rascheln und knistern. Und dann wird eine um die andere Schicht enthüllt Ein traditioneller Sari besteht aus bis zu neun Metern Stoff: Seide – jede Menge weicher, glänzender Seide. Da gibt es ordentlich etwas zu entdecken! Wie Sie einen Sari anlegen, können Sie im Internet Schritt für Schritt nachgucken. Einfach Stichwort eingeben: *Sari anlegen*.

AUF NOFRETETE MACHEN: Nein, damit sind nicht die Schönheits-OPs gemeint, die unseren Hals auf Schwanenlänge ziehen, den Nasenrücken zurechtmeißeln und um die Augen Permanent-Schwarzmalerei betreiben würden. Sondern die sehr poetische, leider sehr in Vergessenheit geratene ägyptische Tradition der Blütenhalskrägen. Im Ägpyten der Pharaonenzeit war dieser charmante Halsschmuck der Inbegriff der Verführungskunst – Flower Power der Ramses-Ära. Dazu wurden Granatapfel-Blätter, Sellerieblätter, Perlen und Blüten auf Leinen- oder Baumwollstreifen genäht und im Nacken zusammengebunden.

Das können wir auch! Es geht ganz leicht, mit groben Stichen, man muss nur flink arbeiten. Es sieht großartig aus. Und funktioniert auch mit den hiesigen Blüten und Blättern, zum Beispiel von Rose, Efeu, Buche, Haselnuss, Löwenzahn, Kornblume und Gänseblümchen.

BAUCHTANZEN: Im Garten. Mit Freundinnen. Wenn alle zusammenlegen, ist so ein Bauchtanzkurs erschwinglich. Und sorgt im Sommer für das rechte Odaliskenfeeling. Sollte sich nach etwas Übung bei Ihnen eine gewisse frivole Leichtigkeit einstellen und Sie sich grazil und biegsam fühlen wie ein Schilfhalm am Nil: Laden Sie ihn ein. Exklusiv. Warten Sie, bis es dämmert. Und legen Sie dann los. (Sie leben in einer Reihenhaussiedlung mit neugierigem Nachbarschaftsanschluss? Dann verlegen Sie die Show einfach nach drinnen.)

EIN LIEBESZELT AUFSTELLEN: Ätsch, Peeping Tom! Unser Liebeszelt hat einen mächtig dicken Vorhang. Da guckst du in die Röhre! Wüstenzelte, die den Garten in eine Oase der Lüste verwandeln, kann man übers Internet bestellen. Und falls die Sommerliebe welken sollte, hat man ein fulminantes Partyzelt zum Bauklötze staunen (siehe Bezugsquellen)!

Die Liebesgöttin empfiehlt: Potpourris selber machen – ohne Brimborium

PFLÜCKEN
Am besten an einem sonnigen Tag kurz vor Mittag, dann ist die Duftkonzentration in den Blättern und Blüten am stärksten. Wichtig: ungespritzte Pflanzen nehmen!

TROCKNEN
An einem dunklen, kühlen Ort. Die ätherischen Öle der Blätter und Blüten sind wankelmütig. Sobald die Pflanze über ihre Wurzeln nicht mehr mit Nährstoffen versorgt wird, verflüchtigen sich die wunderbaren Duft- und Geschmacksstoffe - bei manchen schneller (etwa Basilikum), bei manchen langsamer (wie beim Lavendel). Sonnenlicht, Luft und mechanische Einwirkung (brechen, bröseln) sorgen dafür, dass sich das ätherische Öl verdünnisiert. Diesen Prozess kann man ein wenig aufhalten, indem man die Pflanzen schonend trocknet.

Ich mache es so: Ich breite die Blüten und Blätter locker auf einem Tuch oder Küchenkrepp aus. Zum Trocknen lege ich noch eine Schicht Küchenkrepp darüber; es wiegt weniger als ein Küchentuch und zerdrückt die filigranen Blätter nicht. Außerdem hält es das Licht ab – und den Staub. Die Trocknungszeit hängt von der Beschaffenheit der Pflanzen ab. Grob gesagt, kann sie zwischen einem und einigen Tagen dauern. Mein Tipp: Immer mal wieder nachsehen und ein Probeblatt entnehmen. Wenn es durchgetrocknet ist, kann man mit dem Potpourri fortfahren.

AUFBEWAHREN

Ich bewahre die getrockneten Blüten und Blätter, nach Einzelsorten sortiert, behutsam und locker geschichtet in Schraubgläsern oder Stoffsäckchen auf. Meine Großmutter hat mir einige ihrer selbstgenähten Säckchen aus besticktem Leinen hinterlassen – ich verwende sie heute noch. Die Säckchen hänge ich in den Schrank, die Schraubgläser haben ihren Platz ebenfalls in einem dunklen Schrank, an einem kühlen Ort. Wie gesagt: Allzu viel Luft und Licht würde die ätherischen Öle zerstören.

MISCHEN

Potpourris mische ich immer erst kurz vor Gebrauch. Denn es hilft nichts: Sie sind nun einmal Staubfänger. Am schönsten wirken sie, wenn man sie nur ein paar Tage stehen lässt, längstens eine Woche.

PARFÜMIEREN

Um mit einem Mythos aufzuräumen: Selbstgemachte Potpourris duften nie so intensiv wie gekaufte. In den gekauften sorgt meist ein ziemlich kruder Mix aus allerlei Kunstaromen für den olfaktorischen Overkill. Diesen Frontalangriff auf die Duftrezeptoren mögen aber nicht alle. Selbstgemachte Potpourris hingegen bestechen durch elegante Zurückhaltung. Getrocknete Blüten und Blätter riechen nur zart. Im Grunde sind sie auch gar nicht die eigentlichen Duftlieferanten – sondern das bezaubernde Trägermaterial. Einmal in einer Schale arrangiert, beträufele ich die Blätter mit einigen Tropfen natürlichem ätherischen Öl, passend zu den Pflanzen.

Potpourris für das Schönheitsbad

Seifenkugeln mit Blütenblättern darin sind als Badezusatz ausgesprochener Quatsch – wo soll man mit den matschigen Blüten hin, wenn man das Wasser ablässt? Und dass das Blattzeugs überall an der Haut klebt, wenn man der Wanne entsteigt, ist auch nicht wirklich sexy. Solche Unannehmlichkeiten kann man sich sparen, wenn man die Blüten in Säckchen aus grobem Stoff gibt (zum Beispiel Leinen) und diese an den Wasserhahn hängt – dann ergießt sich der Duft mit dem Badewasser in die Wanne.

Frühlingsfeen-Bad

Wirkt mädchenhaft und ein bisschen verträumt, mit einem Quentchen Unberechenbarkeit – wie der frische, junge Morgen, der noch ein einziges Versprechen ist.

- eine Handvoll Blütenmischung aus getrockneten Zitronenmelissenblättern, frischen Fliederblüten und frisch gepflückten Veilchenblüten (zu gleichen Teilen)
- 5 Tropfen ätherisches Veilchenöl
- 2 Tropfen ätherisches Melissenöl oder Eisenkrautöl

Die Blätter und Blüten in ein Stoffsäckchen geben, die ätherischen Öle darauf träufeln, Säckchen mit einem Band verschließen und vor dem Einlassen des Badewassers so an den Wasserhahn hängen, dass das Wasser darüber läuft.

Sommernachts-Traumbad

Warm wie eine Mittsommernacht, traumtänzerisch und schwül, unterlegt von einem frech prickelnden Hauch.

- eine Handvoll getrocknete Lavendelblüten und Minzeblätter zu gleichen Teilen
- 1 TL getrocknetes Bohnenkraut
- 5 Tropfen ätherisches Lavendelöl
- 2 Tropfen ätherisches Minzeöl

Die Blätter und Blüten in ein Stoffsäckchen geben, die ätherischen Öle darauf träufeln, Säckchen mit einem Band verschließen und vor dem Einlassen des Badewassers so an den Wasserhahn hängen, dass das Wasser darüber läuft. Verspielter Nebeneffekt: Das Badewasser bekommt eine zart lindgrüne Farbe.

Schönheitsköniginnen-Bad

Kein Zweifel: Madame hat heute noch etwas vor. Sie möchte sich wie eine Königin fühlen – und badet daher in Milch und Rosen (die Milch verstärkt den Rosenduft und hinterlässt auf der Haut ein seidenzartes Gefühl).

- eine Handvoll getrocknete Duftrosenblüten
- 1 Lorbeerblatt
- 8 Tropfen ätherisches Rosenöl (am besten persische, bulgarische oder türkische Rose)
- ⅛ l Vollmilch oder Sahne

Die Rosenblüten in ein Stoffsäckchen geben, das Lorbeerblatt an den Rändern einreißen, zu den Rosenblüten stecken, das ätherische Öl darüber träufeln. Säckchen mit einem Band verschließen und vor dem Einlassen des Badewassers so an den Wasserhahn hängen, dass das Wasser darüber läuft. Wenn die Wanne voll ist, die Milch oder Sahne dazu gießen.

Potpourris für Draußen und Drinnen

Die Wohnräume zu parfümieren, wenn Besuch kommt, hat nicht nur im Orient eine lange Tradition. Die Gäste betreten den Garten ja nicht durch die Hintertüre (es sei denn, es handelt sich um einen heimlichen Hausfreund), sie müssen erst durchs Allerheiligste, bevor sie ins Allerallerheiligste vordringen – den Garten. Wieder einmal bewährt sich auch in diesem Falle das No-go meiner Großmutter: »Außen hui, innen pfui!« Nein, so gschlampert wollen wir nicht sein, deshalb duftet unser Eingangsbereich frisch und aufgeräumt wie ein gut gepflegtes Blumenbeet.

Schön, dass du da bist-Bouquet

Ein Potpourri aus frischen Blüten. Und eine altorientalische Willkommensmischung. Macht sich gut im Flur in einer edlen Glasschale. Vor allem, wenn der Besuch amouröser Natur ist. Ist die Dame bereits zu aufgeregt für all das Gezupfe und Gemische der Blüten: einfach alles zum Strauß binden.

- frische Jasminblüten, Duftrosenblüten, Basilikumstengel und Duftnelkenblüten zu gleichen Teilen
- 2 Tropfen ätherisches Duftrosenöl
- 2 Tropfen ätherisches Basilikumöl
- 2 Tropfen ätherisches Duftnelkenöl

Um frische Sträuße zusätzlich zu parfümieren (und ihnen damit unmissverständlich klarzumachen, dass sie duften sollen!), mische ich in einer Sprühflasche Wasser mit ätherischen Ölen. So lässt sich die Mischung als feiner Nebel auf die zarten Blüten sprühen, mit dem angenehmen Nebeneffekt, dass auch die Raumluft ein bisschen was von dem guten Duft abkriegt.

Ich sag's dir durch die Blume-Bouquet

Man will ja nicht mit der Tür ins Haus fallen, aber signalisieren, dass man nicht abgeneigt ist, möchte man irgendwie doch. Für solche Momente gab es früher die ausnehmend praktische Ausdrucksform der Blumensprache. Damit ließen sich Botschaften senden, ohne etwas zu sagen. Ebenso angenehm war, dass man sicher sein konnte, der Galan würde diese blumigen Chiffren schon entschlüsseln. An diesem Punkt, leider, sind dem Unternehmen Blumensprache heute gewisse Grenzen gesetzt. Aber es kommt ja auch mehr auf den Eyecatcher-Effekt an!

ZU GLEICHEN TEILEN ODER
NACH LUST UND LAUNE:
- getrocknete Veilchenblüten
- getrocknete Rosenblüten
- getrocknete Salbeiblätter (ganze Blätter)
- frische Fliederblüten
- frische Japanische Kirschblüten

Flieder steht im Ruch, die Manneskraft zu wecken, das Veilchen symbolisiert weibliche Anmut. Die Kirschblüten sollten originalerweise eigentlich Mandelblüten sein – sie stehen für leidenschaftliche Liebe. Allerdings gedeihen Mandelbäume bei uns nicht so gut – da darf man mit der ebenfalls rosa blühenden Japanischen Kirsche ruhig mal ein wenig schummeln. Zum Mischen gibt man erst die getrockneten Blüten und Blätter, vorsichtig durchmengt, in eine flache Schale, und lässt dann die frischen Blüten dekorativ darauf regnen. Das Ergebnis ist eine blassblaue Frauenhandschrift, raffiniert durchzogen von zarten Blassgrün- und Blassrosa-Tönen.

Dust No. 5

Dieses Staubsaugerparfüm ist das ultimative Sofort-Programm für dekofaule Damen. Es stellt in seiner Wirkungsweise sämtliche fabrikmäßig ersonnenen Raumbeduftungssysteme in den Schatten.

- getrocknete Lavendelstiele
- Staubsauger

Ich binde den frisch geschnittenen Lavendel zum Strauß, wickele Küchenkrepp darum und lasse ihn an einem dunklen, kühlen Ort trocknen. Dann kommt er in den Schrank. Wenn ich alles ordentlich gesaugt habe, zupfe ich einige Stiele heraus, brösele die Blüten auf den Teppich und sauge sie auf – die Duftwirkung ist in etwa so angenehm und relaxend wie das Reinschlupfen in ein jungfräulich bezogenes Bett.

Potpourris für den Zauberwind

Potpourris zum Räuchern zählen zu meinen Lieblingsspielereien. Ich bin ein Sommerfeuer-Fan, da sind die Sommerabende meiner Jugend daran schuld. Ich saß furchtbar gerne mit meinem Schwarm am Lagerfeuer und guckte in die Sterne. Damals gab es für mich kein großartigeres Parfüm als das Odeur von Holzkohle, feuergegarten Kartoffeln und Würstchen am Stock! Dieses verwunschene Flair zaubere ich mir auch heute noch gerne herbei, allerdings verwende ich dafür inzwischen weniger grobschlächtige Düfte. Sobald der wohlriechende Rauch gen Himmel steigt und in der Abendluft hin und her tänzelt, dreht die Erinnerung in meinem Kopf ihre Runden …

Sehnsuchtszauber-Rauch

Herbei, herbei – wann kommst du mich wieder besuchen? Ich kann es kaum erwarten, dich in meine Arme zu nehmen … (Die Liebessymbolik der Kräuter: Rosmarin – stürmische Liebe; Basilikum – Herzenskönig; Sellerie – Glücksbringer.)

- ein Kräuterbündel aus frischem Rosmarin, frischem Basilikum und frischen Sellerieblättern zu gleichen Teilen
- ein paar frische Lavendelstiele
- glühende Holzkohle
- eine Feuerschale

Kräuter mit Hilfe der Lavendelstiele bündeln und zusammenbinden und auf die weißglühende Holzkohle legen.

Liebesnächte-Rauch

Diese Nacht wird einfach himmlisch: entspannt, verträumt, voller Poesie. (Die Liebessymbolik der Kräuter: Lavendel – entspannt; Rose – harmonisiert; Myrte – der Venus geweiht; Majoran – befeuert das Verlangen.)

- ein Kräuterbündel aus getrockneten Majoran- und Lavendelzweigen, frischen Myrtenzweigen, geschnittenen Rosen und etwas Rosenholz (verholzende Rosenstiele)
- ein paar frische Lavendelstiele
- glühende Holzkohle
- eine Feuerschale

Majoran, Lavendel, Myrtenzweige, Rosen und Rosenholz mit Hilfe der Lavendelstiele bündeln, zusammenbinden und auf die glühende Holzkohle legen.

Vergissmeinnicht-Zauberrauch

Sonntagabend. Adieu! Ab morgen ist wieder Alltag. Damit mir die Zeit nicht zu lang wird, halte ich unseren Liebestraum mit einem Freudenfeuer fest. (Die Liebessymbolik: Rosmarin – Liebespfand; Beifuß – hält die Liebe wach; Estragon – bekämpft Drachen, zum Beispiel den der Eifersucht.)

- getrocknete Zweige von Estragon, Rosmarin, Beifuß zu gleichen Teilen
- ein paar frische Lavendelstiele
- eine Feuerschale

Beim Trocknen verstärkt sich der Duft der aromatischen Öle in den Kräutern. Ich lege das Bündel auf weißglühende Holzkohle. Oder ich reble und streue die getrockneten Kräuter darüber. Dann habe ich den wunderbaren Duft auch an den Fingern und kann daran noch ein bisschen schnuppern.

Mondscheinnächte
Prickelnde Stunden
im Schutz der Dunkelheit

»East of the sun and west of the moon
We'll built a dream house of love, dear
We'll live in a lovely way, dear
Sharing our love in the pale moonlight.«

*Aus dem Song: »East of the sun West of the moon«
von Brooks Bowman, 1934*

Wovon ich träume: Einmal in einen Schlosspark schleichen, wenn es dunkel wird. Unbemerkt durchs Tor schlüpfen, mit einem Picknickkorb, Champagner, Knabbereien, einer Decke, Kerzen. Dann warten. Auf einer Bank hinter Hecken, deren Verschwiegenheit ich bei Tageslicht zuvor ausgekundschaftet habe. Sind alle weg? Ist der Park leer, die Luft rein? Heimliches Vorantasten in der Dämmerung, die Konturen der Hecken verflüssigen sich ins Meer der Nacht, die Alleen wandeln sich in Geisterzüge, die Statuen sehen aus, als stiegen sie gleich von ihren Sockeln herunter. Bäume stehen Spalier, Blumenbeete glitzern im Schimmer des Mondes wie kleine Seen. Der Mond. Selbstverständlich scheint in dieser Nacht der Vollmond.

Das Picknick im Schlosspark ist meine Imagination eines herzklopfenden Abenteuers für zwei. Das Schwelgen in einem Traum, der nicht mir, nicht uns gehört. Ich kann nicht behaupten, Urheberin dieser romantischen Phantasie zu sein; als ich vierzehn war, las ich Joseph von Eichendorffs Erzählung *Das Marmorbild*. Da nistete sich dieser Wunschtraum in meiner Seele ein, und seither denke ich immer wieder daran, es endlich zu wagen. Tatsächlich ist der jugendliche Traum in mir nie flügge geworden; er blieb bis heute unerfüllt. Vielleicht, weil ich mich nicht dazu durchringen mochte, Abstriche zu machen. Ich will nicht auf den Schlosspark verzichten.

Mondduft und Zauberlichter

Im *Marmorbild* taucht der Jüngling Florio in das Trugbild eines irrlichternden Schlossgartens ein. Die Statue der Göttin Venus steht dort an einem Weiher, traumverloren im Mondlicht. Jeden Frühling erwacht ihr Marmorbild zum Leben, der verwilderte Park wandelt sich in einen gepflegten, illustren Lustgarten. Die Göttin Venus gibt darin ein großes Fest; eine maskierte Gesellschaft antiker Götterwesen tanzt in die Sommernacht hinein, singt zur Laute, trinkt Wein, stibitzt Orangen von silbernen Schalen und lustwandelt zwischen den Springbrunnen.

Eichendorff war ein Dichter der Romantik, in seiner Erzählung spielt der Mond eine Hauptrolle. Der geheimnisvolle Trabant ist der Regisseur einer schauerlich-schönen Inszenierung; sein bleiches Leuchten wirkt wie Magie, die alles verändert. Die Abendluft wandelt sich in Mondluft, die Augen der Angebeteten in Zauberlichter, Phantasien in Traumblüten, die aus den Locken fallen, sobald man den Kopf schüttelt.

In seiner Erzählung greift Eichendorff zu einem Trick: Er lässt die Romanze in Italien spielen, in den Weinbergen rund um Lucca; dort sind die Mondnächte tatsächlich noch seidig und warm, die Luft wirkt wie Parfüm, die Mädchen können nicht anders, als sich dünne Kleidchen überzustreifen; das alles wirkt ausgesprochen verführerisch auf den jungen Florio. Wollten wir hingegen ein Vollmondfest selbst inszenieren, einmal Gastgeberin des Zauberfests der Göttin Venus sein, in unserem Schlosspark, pardon: Garten, dann müssten wir, wenn wir nicht südlich der Alpen wohnen, leider eben doch Abstriche machen. Wir können nicht darauf vertrauen, dass sich der Vollmond just an dem Abend, den wir uns dafür vornehmen, mit der Wärme des Südens paart. Wir müssten ein wenig nachhelfen, mit Decken und Fackeln und Champagner, damit die Wangen von Anfang an glühen. Nur eines dürfen wir niemals, auf keinen Fall: Licht anmachen. Kerzen sind erlaubt. Wenn es aber richtig hell würde, erzählt das *Marmorbild*, löst sich der Liebestraum auf und entschwindet in die Nacht. Dann ist der Zauber weg.

>»Und wenn es dunkelt das Tal entlang,
> Streift sie die Saiten sacht,
> Da gibt's einen wunderbaren Klang
> Durch den Garten die ganze Nacht.«

JOSEPH VON EICHENDORFF
Der alte Garten

Wie man eine Vollmondnacht feiert

Am besten: indem man sich den Mond zum Komplizen macht. Und alles danach ausrichtet, wie es wohl in seinem Lichte wirkt. Mondschein lässt Gegenstände von innen erstrahlen, alles Weiße, Silbrige erscheint wie verzaubert. Sein fahles Leuchten legt einen feenhaften Schleier über die Dinge, daher dürfen die Accessoires für diesen romantischen Abend ein wenig aus der Zeit gefallen sein, verspielt und verwunschen wie die Ausstattung eines Märchenfilms.

DEN CHAMPAGNER KÜHLEN: Champagnerkühler leben seit Generationen im Ruhestand, sie werden nicht mehr so wirklich gebraucht. Sehr gefragt waren sie, als es keine Kühlschränke gab, in der Ära der Hausbälle und gesellschaftlichen Diners. Der Genuss von Champagner war damals in etwa so exquisit wie die silbernen Kühlbehälter selbst. Bei einem Mondschein-Tête-à-Tête sind die Salonkübel wieder höchst willkommen – wer möchte ernsthaft eine Minibar auf die Terrasse stellen oder jede halbe Stunde zum Kühlschrank gehen? Ihr silberner Glanz korrespondiert hervorragend mit dem Schein des Mondlichts. Wer ein Erbstück besitzt, ist fein heraus. Wer nicht: Floh- oder Antikmärkte eignen sich prima für Beutezüge. Ist das gute Stück erst einmal blankgeputzt, kommen ordentlich Eiswürfel hinein. Nicht vergessen: ein Tuch um den Hals der Champagnerflasche wickeln, es tropft fürchterlich beim Einschenken. Welches Tuch? Es empfiehlt sich ein klassisch-blütenweißes Serviertuch, stilvollerweise aus Damast (der ebenso in Rente ist wie der silberne Champagnerkühler, folglich aus der gleichen Epoche – die beiden harmonieren fantastisch).

DAS KLEID DER KÖNIGIN DER NACHT TRAGEN: Wie kleide ich mich vorteilhaft für ein Moonlight Dinner? Ich wähle eine Kleiderfarbe, die das fahle Licht der Himmelsscheibe auf effektvolle Weise reflektiert und wie Perlmutt glitzert: also weichfallender Glitter in Form eines silbernen Paillettenkleides, nicht unbedingt die große, knöchellange Robe (Nixenalarm!), sondern eher im Cocktail-Stil, knielang. Wer online bummeln möchte: Im Internet wimmelt es von Silberpaillettenkleidern. Schöner jedoch (zum Anfassen und gleich Anprobieren): Brautshops oder die Ballkleid-Abteilungen großer Kaufhäuser.

SICH BENEHMEN WIE DIE KÖNIGIN DER NACHT: Ein Dinner bei Mondschein ist auf sympathische Art purer Spleen, da ist es nur folgerichtig, sich den Spaß einer Caprice zu gönnen, indem man zum Beispiel mit dem Fächer spielt, der vom letzten Barcelona-Urlaub noch in der Schublade liegt: Puuh, es ist ja sooo schwül heute Abend, findest du nicht auch …?

DEN MOND ANSINGEN: Dafür eignen sich Arien jeglicher Couleur, sommernachtsträumerischer wären jedoch Zikadenklänge. Sollten die Original Oberzikaden an diesem Abend gerade woanders gastieren, kann man ihre Stücke auch vom Band hören (Aufnahmen von echten Zikadengesängen gibt es auf CD).

AUF DIE GLÜHWÜRMCHEN WARTEN: Ob wir heute wohl noch eines sehen werden? Schade, dass sich die Leuchtkäfer, alias Glühwürmchen, aus unseren Breiten mehr und mehr zurückziehen. Glühwürmchen brauchen ein Habitat, das nicht künstlich gedüngt, in allen Ecken und Winkeln übergepflegt und mit Herbiziden und Pestiziden belastet ist. Wohl fühlen sie sich dagegen in naturbelassenen Bio-Gärten mit Trockenmauern, auf Wildblumenwiesen, in ökologisch bewirtschafteten Gärten mit bienenfreundlichem Pflanzenwuchs. Die beste Zeit, auf die fliegenden Laternchen zu warten, ist Juni/Juli. Am 24. Juni ist Johannistag, deshalb heißen Glühwürmchen im Volksmund mancherorts auch Johanniswürmchen.

IN BÄUMEN EIN LICHT AUFGEHEN LASSEN: Lampions können über das Ausbleiben der Glühwürmchen etwas hinwegtrösten. Charmant: Deko-Vogelkäfige in die Äste eines Baumes hängen, Teelichter in Windlichtgläsern hineinstellen. Sehr apart sind Lampions, Pom-Poms und Girlanden in Weiß, die im Mondlicht schimmern wie Geistwesen (siehe Bezugsquellen).

DIE DUNKELHEIT BEFEUERN: Fackeln sind die sommerlichen Schwestern des winterlichen Kaminfeuers. In ihrem Flackerschein zu sitzen und den warmen Hauch zu spüren, sorgt im Sommersalon für Kuschelromantik. Sollten Sie gerade in Liebe entbrannt sein: Es gibt auch Fackeln in Herz- oder Jahreszahlform, zum Beispiel für einen runden Geburtstag oder Hochzeitstag (siehe Bezugsquellen).

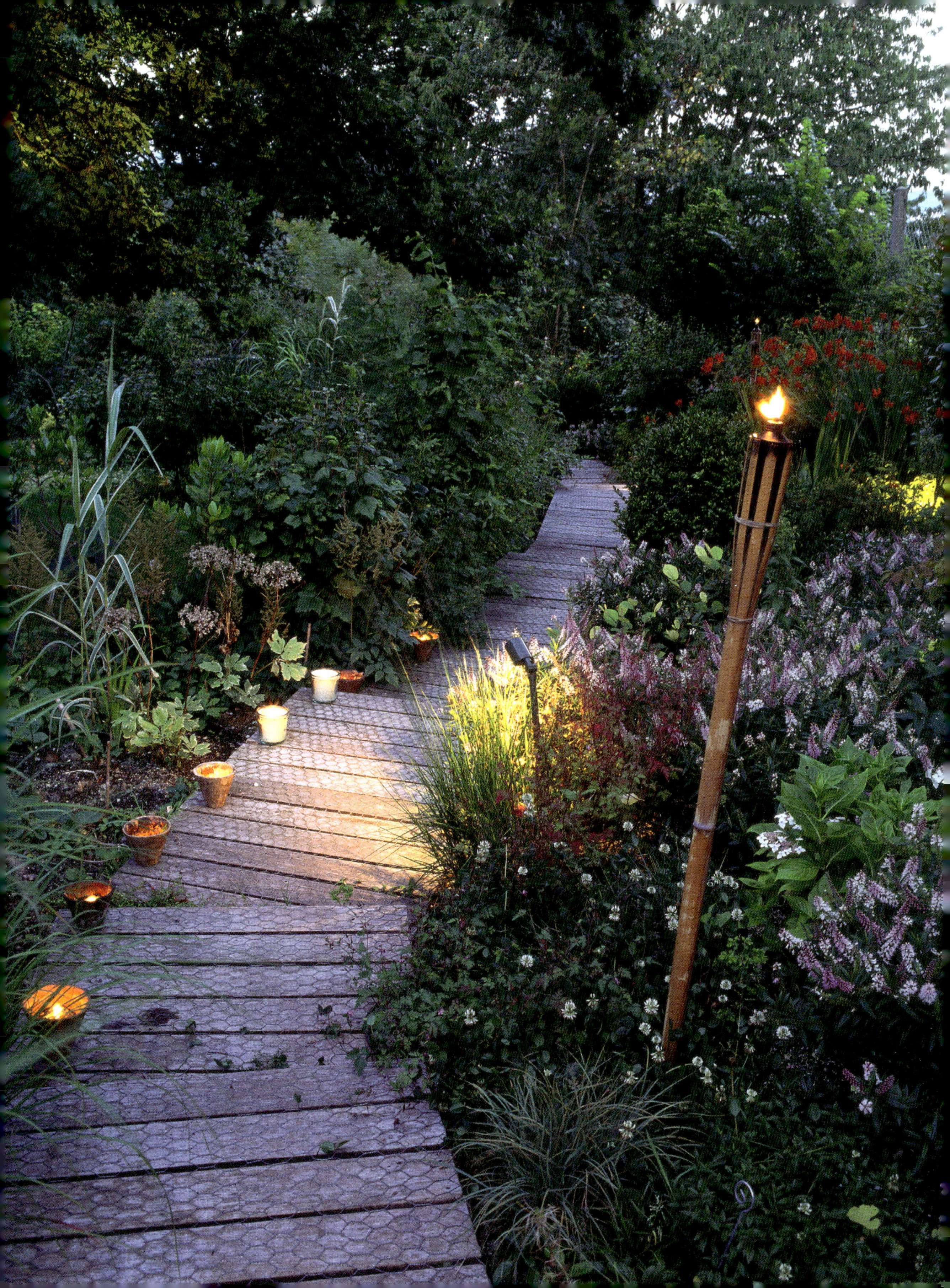

DEN STERNENHIMMEL BEWUNDERN: Weißt du, wie viel Sternlein stehen? Wir lassen die Fackeln niederbrennen, dann wird's richtig dunkel. Sternegucken ist etwas für Neumondnächte oder für Nächte, in denen nur die zarte Sichel zu sehen ist. Besonderen Spaß macht die Reise zu den Sternen, wenn man schon ein bisschen was über den aktuellen Sternenhimmel weiß (er ändert sich von Monat zu Monat). Wie wäre es vorab mit einem Besuch in der nächstgelegenen Sternwarte?

UNTERM STERNENZELT SCHLAFEN: Im Freien übernachten, wann haben wir das das letzte Mal gemacht? Vielleicht liegt ja im Keller noch die ausrangierte Matratze? Die holen wir gleich! Ein paar Decken und ein Laken darüber geworfen, und dann das ganze unter einen Baum geschoben, damit wir das Moskitonetz an einem Ast festmachen können. Unter dem Schleier des Netzes machen wir's uns kuschelig, sobald wir genügend Sternschnuppen gezählt haben (Moskitonetz: siehe Bezugsquellen).

Lady Sunshine und Mister Moon
Ein Sinnenmahl unterm Sternenhimmel

Ein Menü rund um den Champagner – damit lassen sich Hochzeitstage feiern, Versöhnungen, Jahrestage, ach: einfach alle besonderen Momente der wahren Liebe! Natürlich wird da nicht gekleckert, sondern herrlich unverfroren geklotzt! Einmal alles auffahren, was die Sinne kitzelt, bitteschön: elegantes Prickelwasser, Trüffeln, feinstes luftgetrocknetes Fleisch, das so hauchdünn geschnitten ist, dass das Mondlicht hindurch schimmert – bei dieser feinen Zutat ist weniger definitiv mehr. Und, ja: den Champagner ordentlich fließen lassen! Alle Gerichte dieses verführerischen Mahls harmonieren mit der feinen Brioche-Note seines Aromas. Was ist ein Frühstück bei Tiffany gegen ein Nachtmahl mit Mister Moon?

Brioche mit Bresaola, Birne und gerösteten Haselnüssen

Nasch mich! Diese Häppchen sind, wie soll ich sagen: einfach zum Niederknien. Und sie hinterlassen ein Mundgefühl – fast so schön wie Küsse!

FÜR 8 HÄPPCHEN

- 2 EL ganze Haselnüsse
- 4 Scheiben Brioche
- weiche Butter zum Bestreichen
- 1 reife rote Williamsbirne
- 100 g Bresaola
- 2 saftige Dörrfeigen
- etwas Birnen Balsamessig und/oder Arabische Datteln in Essig (siehe Bezugsquellen)

Haselnüsse im Blitzhacker grob hacken. In einer Pfanne ohne Fett goldbraun rösten, bis sie duften. Beiseite stellen, abkühlen lassen.

Brioche-Scheiben mit der zimmerwarmen Butter bestreichen, mit etwas gehackten Haselnüssen bestreuen. Birne waschen, vierteln, entkernen und in sehr feine Scheiben schneiden. Brioche-Scheiben halbieren, mit den Birnen belegen (8 Birnenscheiben übrig lassen). Dann den Bresaola hübsch darauf drapieren, je eine Birnenscheibe dekorativ zwischen die Bresaolascheiben schieben, so dass sie herausblitzt.

Feigen in dünne Streifen schneiden, auf die Brioches legen, mit Haselnüssen bestreuen. Kurz vorm Genießen einen Hauch Birnen Balsamessig oder den Saft der eingelegten Arabischen Essig-Datteln darüber träufeln – aber wirklich nur einen Hauch!

Selleriegratin mit Trüffelbutter-Croutons

Weiß wie der Mond, schwarz wie die Nacht: eine Verführung für die Sinne. Zartschmelzend und knusprig zugleich. Mit einem edlen, erdigen Duft, der an einen Wald denken lässt, dessen warmer Boden mit Moos gepolstert ist.

FÜR 4 PORTIONEN

- Butter für die Auflaufform
- Butterflöckchen zum Bestreuen
- 2 größere Sellerieknollen
- 1 Stange vom Stangensellerie
- 1 TL getrocknete, geriebene Zitronenschale
- Feines Meersalz
- ½ TL getrocknetes Bohnenkraut
- 300 ml Sahne
- 3 Scheiben Brioche, in feine Würfel geschnitten
- 2 EL Trüffelbutter (gibt's in Feinkostläden)
- Sommertrüffel nach Belieben

Getrocknete Zitronenschale mache ich auf Vorrat selbst. Dafür reibe ich die Schale von Bio-Zitronen auf einen flachen Teller, lege Küchenkrepp darauf und lasse den Abrieb über Nacht trocknen; anschließend bewahre ich ihn im Schraubglas auf.

Für das Gratin: Eine Auflaufform mit Butter bestreichen. Sellerieknollen schälen, vierteln und in sehr feine Scheiben schneiden (2 mm dünn). Die Selleriescheiben fächerförmig in der Auflaufform verteilen. Selleriestange waschen, der Länge nach halbieren, in feine Scheiben schneiden, über die Knollenselleriescheiben geben. Alles mit feinem Meersalz, getrockneter Zitronenschale und gerebeltem Bohnenkraut würzen. Sahne darüber gießen.

Dann das Gratin in den Ofen schieben und bei 180° C eine halbe Stunde backen. Danach die Gabelprobe machen: ist der Sellerie mürbe, Form herausnehmen, die Brioche-Würfel darüber streuen und mit Butterflöckchen belegen. Nochmal 10 Minuten ins Rohr schieben. Zum Schluss die Trüffelbutter darauf verteilen, eine Minute im Ofen schmelzen lassen, dann das Gratin servieren. Wer mag, hobelt frische schwarze Trüffeln darüber.

Sternenstaub-Schaumomelette mit Blattgold und Himbeerkompott

Flaumig wie ein Wölkchen – und ein himmlischer Genuss. Am besten bei Vollmondlicht genießen, das lässt das Blattgold wie Sternenstaub glitzern.

ZUBEREITUNGSZEIT: 25 MINUTEN

HIMBEERKOMPOTT:
- 300 g Himbeeren
- 4 gestrichene EL Roh-Rohrzucker
- 1 TL Himbeergeist

SCHAUMOMELETTE:
- 6 Eiweiß
- 1 Prise feines Meersalz
- 60 g feinster Backzucker
- abgeriebene Schale 1 Bio-Limette
- Mark ½ Vanilleschote
- 3 Eigelbe
- 2 EL Mehl
- Butter für die Form
- Puderzucker
- Blattgold (siehe Bezugsquellen)

Für das Himbeerkompott die Himbeeren verlesen, mit dem Zucker in einen Topf geben, kurz köcheln lassen, bis sie suppig werden (1–2 Minuten). Vom Herd ziehen, mit Himbeergeist parfümieren. Bis zum Servieren zugedeckt kühlstellen.

Für die Schaumomelette den Ofen auf 160° C vorheizen. Eine flache Auflaufform mit Butter ausstreichen. Eiweiß mit Salz und Zucker steifschlagen, anschließend in eine größere Rührschüssel umfüllen. Limettenschale darüber reiben. Eigelb mit dem Vanillemark glattrühren, mit dem Schneebesen vorsichtig unter den Eischnee heben. Zum Schluss das Mehl darüber sieben und ebenfalls vorsichtig unterheben. In die Auflaufform füllen und circa 15 Minuten goldgelb backen. Mit Puderzucker und Blattgold bestäuben und mit dem Himbeerkompott servieren.

Hui!
Auch große Mädchen schaukeln gern

»O seht, wie hoch über alle hinaus
die Schaukel mit ihr emporfliegt!«

ANNETTE KOLB
Die Schaukel

»Komm jetzt!« Die Großmutter möchte, dass ich aufhöre. »Es wird kühl, es regnet!« Wenn man zwölf Jahre alt ist, können Omas ganz schön nerven. Ich schaukle. Regen? Ich spüre keinen Regen. Kühl? Wieso, ist doch nicht kühl! Meine Schaukel fliegt. »KIND!!! Du kommst jetzt so! fort! rein!« Ich schaukle hin und her. »Glee-eeich« sage ich. Es tröpfelt auf meinen Arm. Mist, Omi hat recht. Da kommt mir eine Idee: irgendwo steht doch irgendwo dieser Schirm ... Der Schirm wird aufgespannt. Ich sitze im Regen auf der Schaukel, der Schirm fliegt hin und her, und ich mit ihm. Hach! Geht doch! Es gibt noch ein Foto von dem Moment. Omi erzählte, sie habe mich durchs Fenster beobachtet. Und dann »Klick« gemacht.

Wollte ich die Stunden zusammenzählen, die ich in meinem Leben auf der Schaukel verbrachte, es würden vermutlich Monate werden. Wo immer eine Schaukel stand, schwang ich mich darauf. Wenn meine Schwester und ich in den Ferien bei den Großeltern waren, machten sie nur solche Ausflüge mit uns, wo am Zielgasthof eine Schaukel war. Auf der Terrasse meiner Großeltern stand ebenfalls eine. Ich schaukelte in den Ferien, wenn ich aus dem Bett hüpfte, noch im Nachthemd. Ich schaukelte nachmittags, mit einem Buch in der Hand, das Schaukeln war dann mehr ein Wippen. Ich schaukelte im Dämmerlicht in das Zwitschern der Amseln hinein. Ich schaukelte als junge Frau, wenn ich verliebt war, dann verlieh der Schwung meiner Phantasie Flügel, und wenn ich den Kopf nach hinten warf, mischte sich in das Fliegen meiner Haare und das Flattern der Schmetterlinge im Bauch ein wundersamer Schwindel. Ich schaukelte, wenn ich Lust aufs Träumen hatte und manchmal auch nur, wenn ich nichts tun und trotzdem Bewegung haben mochte.

Beim Schaukeln spannen wir die Bauchmuskeln an, wir festigen die Arme, den Rücken. Wir regen den Gleichgewichtssinn an, trainieren gegen den Schwindel. Früher bezeichnete man die Schaukel als »Hängesitz«, aber gegen das schlaffe Herumsitzen ist Schaukeln das reinste Krafttraining. Warum hören wir eigentlich, wenn wir erwachsen sind, auf, zu schaukeln?

Huch, man sieht untern Rock!

Einst waren es eher die älteren Mädchen, die sich von der Schaukel beflügeln ließen. Wohlhabende Leute, Villenbesitzer, Schlossbewohner, hatten in ihren weitläufigen Gärten oft eine Schaukel an einem Ast des stärksten, mächtigsten Baumes befestigt. Da wiegten sich ihre höheren Töchter in Sicherheit. Beim Schaukeln waren sie frei. Konnten mit Schwung allen Rollenerwartungen davonfliegen. Bis die Wirklichkeit sie einholte. Theodor Fontane beginnt seinen Roman *Effi Briest* mit der Beschreibung von Effis Lieblingsplatz im Garten. Da steht eine Schaukel. Sie schaukelt gern. Dann wird sie mit einem älteren Baron verheiratet.

Schaukeln eignen sich hervorragend für das Spiel mit dem Flirt. Du kriegst mich nicht! Oder vielleicht doch? Aber nur ein bisschen! Was ist, schubst du mich an? Der Rock fliegt, man sieht die Unterkleider, die Schenkel, der Pantoffel schlüpft vom Fuß, segelt in elegantem Bogen ins Gras. Der Galan zieht am Seil, die junge Dame hebt sich in die Lüfte, eine übermütige Windsbraut, hoch, immer höher steigt sie. Mit Witz und Sinn fürs Frivole verewigte der Rokokomaler Jean-Honoré Fragonard diese Szene in seinem weltberühmten Gemälde *Die Schaukel*. Man kann unmöglich übers Schaukeln schreiben, ohne dieses Bild zu erwähnen.

Soll das Schaukeln Spaß machen, braucht man Mumm. Man muss kräftig schieben, aus dem Bauch heraus in den Schwung kommen, die Bauchmuskeln anspannen und sich richtig reinhängen und alles daran setzen, so hoch wie nur irgend möglich zu steigen. Bis die Fußspitzen den Himmel berühren.
Dann beim Zurückschwingen den Kopf in den Nacken werfen und zu Boden schauen – die Welt dreht sich! Man kann den Kopf auch länger nach hinten kippen und erst nach mehreren Schwüngen,

wenn man eine Millisekunde lang ganz oben am Kipppunkt steht, den Kopf nach vorne werfen – Achterbahngefühle! Wenn man genug vom Fliegen hat, kann man die Schaukel langsam ausschwingen lassen; man hält sich ganz still und wundert sich darüber, wie viel Zeit vergehen muss, bis eine Schaukel tatsächlich wieder zur Ruhe kommt. Man kann auch verwegen sein und mitten im Vorwärtsflug mit einem Satz von der Schaukel springen – man sollte es sich unbedingt wieder trauen. Das Gefühl, wenn man heil zu stehen kommt: Hey, ich kann's noch!

Frivol wirkt das Schaukeln, weil es eine Anmaßung versinnbildlicht: Da hebt sich doch glatt jemand über den Alltag hinweg, schwebt über den Dingen, bewegt sich – nur um letztlich nichts zu tun. Wie hochfliegend! In der bürgerlichen Gesellschaft ist das Nichtstun nicht vorgesehen, in der bäuerlichen gleich zweimal nicht, nur der Adel pflegte den Müßiggang, erhob ihn zur Lebenskunst, schaukelte, was das Zeug hielt. Heutzutage schaukeln Erwachsene nur heimlich. Im Dunkeln, wenn sie mit dem Hund Gassi gehen.

Let it swing!

Als unverdächtig gilt hingegen die Hollywoodschaukel. Dieses Wiegen als Schaukeln zu bezeichnen, wäre jedoch Schönrednerei. Auch Hängematten haben mit der Kunst des Schaukelns nichts gemein. Sie sind in Wahrheit Folterinstrumente, in die man nicht hineinkrabbeln und die man auch nicht wieder verlassen kann, ohne seine Würde zu verlieren. Wer jemals versuchte, aus diesem vorgeblichen Traumerfüllungsinstrument ohne Gejapse und Rückengestöhne und Gelenkeknacken sich herauszuschälen, wird gegen die Lockungen des Lebens in der Hängematte für immer immun sein.

Die Hollywoodschaukel lädt zu einer mondänen Variante des Sitzens ein. Vorteilhaft unterstützt wird diese Haltung durch einen Stoffbezug, der nicht kleinkariert wirkt. Gleichwohl bleibt man auf einer Hollywoodschaukel stets auf dem Sprung. Dieser gemäßigte Schaukeltyp ging aus der Verandaschaukel hervor, einer Verspieltheit des amerikanischen Baumwollplantagen-Südens. Ursprünglich war die Verandaschaukel eine überdachte Gartenbank. Dann mauserte sie sich zur Bank mit Hängemechanik, die das Wippen erlaubt. Die Füße bleiben dabei am Boden.

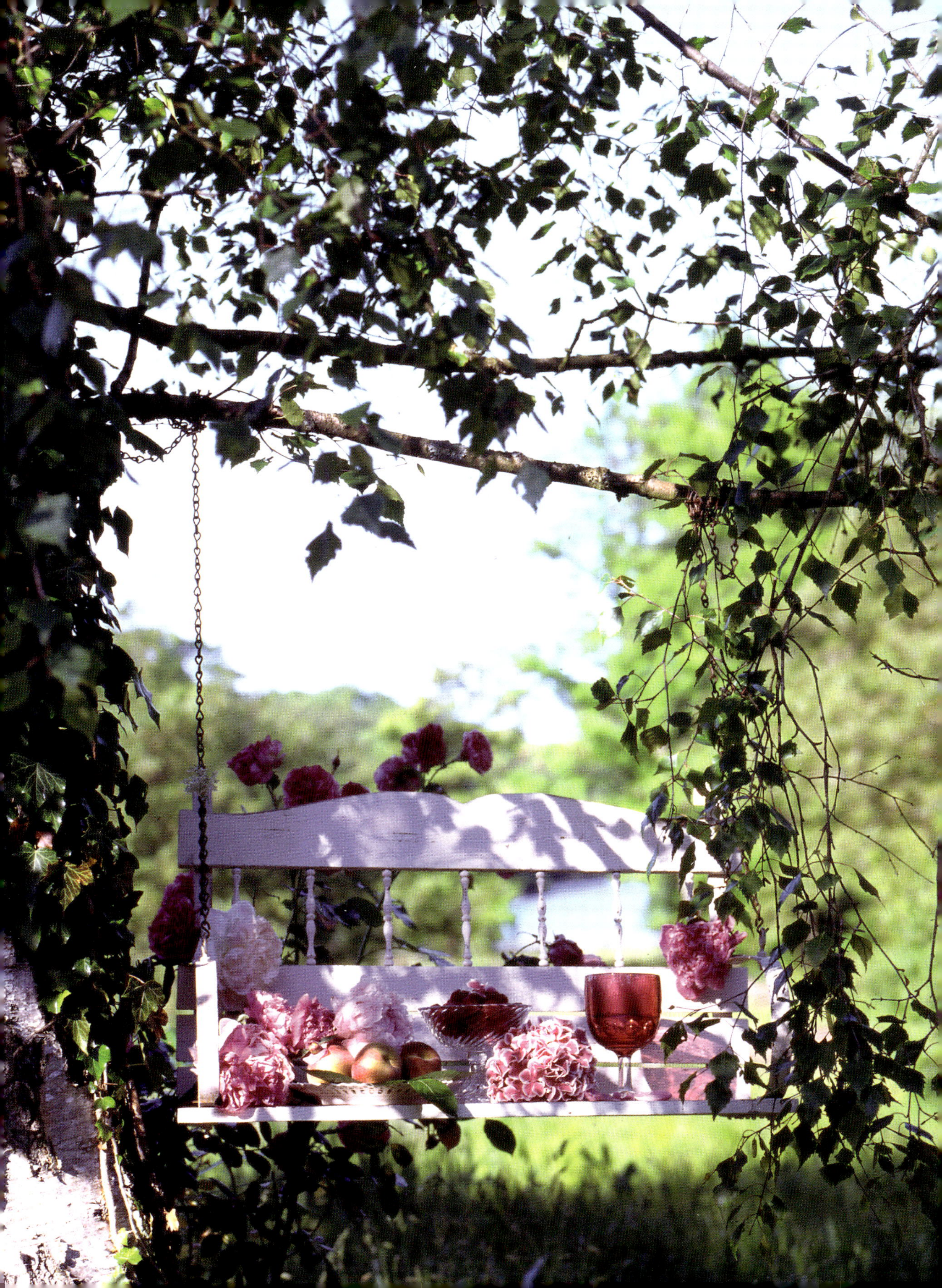

Echter Swing klingt natürlich anders. Sich vom Leichtsinn beflügeln lassen, den Sorgen frech davonzufliegen und den Tagträumen entgegen zu schweben – das kann man nur an einer frei hängenden Schaukel an einem Baum.

»Vergiss dich. Es soll dein Denken
Nicht weiter reichen, als ein Grashüpferhupf.«

JOACHIM RINGELNATZ
Sommerfrische

Über den Dingen

Früher kannte man fürs Schaukeln den Begriff: ein Luftbad nehmen. Welcher Art auch immer: Baden verführt zum Träumen. Die Gedanken bekommen mit einem Mal Flügel: Ich würde so gerne mal wieder ... Ich könnte doch mal ... Sollte ich vielleicht nicht ...?

DAS GEMÄLDE DIE SCHAUKEL IM ORIGINAL SEHEN: Dazu muss man sich in die Lüfte erheben und nach London fliegen. Dort begibt man sich direkt in den Stadtteil Mayfair, wo die *Wallace Collection* beheimatet ist. Das ganze Gebäude ist ein Traum, nicht nur wegen der beeindruckenden Sammlung an Gemälden, französischem Porzellan, Miniaturen aus dem achtzehnten Jahrhundert. Erst besieht man sich *Die Schaukel*, wundert sich, wie zierlich das Bild in Wirklichkeit ist. Dann geht man wieder hinunter ins Erdgeschoss, folgt dem Lichtschein in das elegant überdachte Atrium und genießt dort in einem der apartesten Museumsrestaurants der Welt, was moderne Hexen unter Flugsalbe verstehen: Champagner (www.wallacecollection.org).

DIE BAUMSPRACHE LERNEN: Bäume können rascheln, flüstern, wispern, säuseln, brausen. Der Lyriker Michael Groißmeier spürt ihrer Sprache nach, hält seine Versuche in Naturgedichten fest: »Ich versuche, ihnen nachzusprechen, den Blätterzungen der Pappeln, die Unverständliches flüstern.« Man kann seine Gedichte lesen. Oder sich von ihnen inspirieren lassen – und die neue Schaukel dann an jenem Baum befestigen, dessen Sprache man am liebsten hört.

INS WOLKENKINO GEHEN: Nach langer Zeit endlich mal wieder den Rangierbahnhof der Wolken beobachten. Zählen, wie viele Monster, Tierfiguren, Gesichter oder Gegenstände man in ihren Formationen erkennen kann. Erst 1802 kamen die Wolken zu ihren Namen: *Cirrus, Cumulus, Stratus*. Damals begann der englische Amateur-Meteorologe Luke Howard, sie zu klassifizieren. Der englische Historiker Richard Hamblyn hat seine Geschichte in dem Buch *The Invention of Clouds* erzählt (deutscher Titel: Die Erfindung der Wolken).

Geisterstunde

Magische Feste und zauberische Bräuche

»Überall waren kleine Leute, sie versteckten sich in den Blüten,
die wie von Diamanten funkelten,
sie schaukelten in den Bäumen,
und sie liefen und hüpften unter und über die Grashalme.«

Aus dem altenglischen Märchen »Die Abenteuer der Cherry von Zennor«

Es ist keine leichte Sache mit den Geistern. Vorausgesetzt, man glaubt an sie, kann einem ziemlich der Kopf schwirren, bei ihrer weitverzweigten Verwandtschaft. Da gibt es die guten und die bösen Geister, und unter den einen so viele Anverwandte wie unter den anderen. Noch verzwickter wird es, wenn man den Geistern ein Fest bereiten möchte, entweder, um sie milde zu stimmen oder aber, um sie loszuwerden. Ja, es gibt tatsächlich Feste, die eigens dafür ersonnen wurden, bestimmte Geister zu vertreiben und zu bannen, namentlich die, die uns übel mitspielen, indem sie uns in die Ernte dreinfahren oder den Garten verwildern oder schon wieder den nächsten Sommer verhageln.

Nur damit wir wissen, wen wir da zu unserem Zauberfest laden und was wir dafür bereithalten müssen: Fast alle Geister zählen zu den sogenannten *Kleinen Leuten*. Das muss man wörtlich nehmen, sie sind von ihrer Statur her kleiner als die Menschen. Die Trolle, Zwerge, Kobolde zählen dazu, auch die Gnome und Elfen. Bei den Feen und Elementargeistern, den Windsbräuten und Nymphen, den Baum- und Blumengeistern ist das ein wenig anders gelagert. Sie sind entweder so groß wie wir – wie es bei den Feen der Fall ist. Oder aber sie sind weder groß noch klein, sondern eher: alles oder nichts. Luftige, durchscheinende Geistwesen, die mal in die Pflanzen fahren, mal mit dem Wind segeln und mal unter den Wellen tauchen.

Wir können uns jetzt natürlich fragen, was uns das angeht, ob der Körperumfang dieser Anderweltleute nun riesig sei oder winzig oder überhaupt nicht zu fassen? Doch ob es uns behagt oder nicht, es geht uns etwas an, denn diese Leute wohnen unter uns. Sie wohnen in unserem Garten und auf unserem Balkon, ob wir's glauben oder nicht, sie sind einfach immer da: »Sie sah, wie die

Welt der Kleinen Leute die Welt der gewöhnlichen Männer und Frauen umgab – sie war mit ihnen, aber nicht eins mit ihnen«, heißt es in dem englischen Märchen *Das Elfenkind*.

Dem Schneckengott ein Schnippchen schlagen

Sehr häufig dort, wo einst die Kelten siedelten, besteht die Märchen- und Zauberwelt der Anderweltleute bis heute fort. Cornwall zum Beispiel ist bis in unsere Tage ein Refugium der Elfenwesen, der *Fairies*, geblieben. Auch in den Alpen gibt es eine reiche Naturgeister-Tradition mit festlichem, sinnenfrohem Brauchtum.

Ob zaubermächtiger Druide oder heilkundige Kräuterfrau – die Überlieferung der magischen Tränke und zauberischen Rituale der alten Weisen hat bis in unsere Tage überlebt. Geschichten von wohlmeinenden Baumgeistern wie dem Holunder, von sanftmütigen Blumengeistern wie den *Flower Fairies*, von neckischen Erdgeistern erfreuten sich insbesondere in bäuerlichen Gegenden höchster Beliebtheit. Immer geht es dabei darum, sich mit den Geistern möglichst gut zu stellen, ihren Übermut zu dämpfen oder sie auf die Seite der Menschen zu ziehen, denn sie haben einen gewissen Einfluss auf die Elementargewalten. Die Anderweltleute verstehen deren Sprache und können beim Gewittergott, beim Schneckenpapst oder bei der Unkrautgöttin möglicherweise ein gutes Wort für uns einlegen – wenn wir uns als dessen würdig erweisen.

Und das ist im Grunde nicht schwer. Wir müssen dafür nur in die alten Bücher gucken. Da wird zum Beispiel empfohlen, den kleinen Geistwesen immer mal wieder etwas Gutes zu essen hinzulegen. Alle Geister, ob gut oder böse, sind ziemliche Schleckermäuler und mögen süßes Backwerk. Früher war es daher Brauch, an bestimmten Festtagen den Naturgeistern etwas von unserem Kuchen abzugeben, also zum Beispiel einen frisch gebackenen Guglhupf vors Fenster zu stellen – oder wenigstens eine Schale Milch oder Rahm.

Sehr wichtig war auch, ihre Privatsphäre in jedem Falle zu respektieren. Naturgeister möchten in Ruhe gelassen werden, und ob wir sie sehen dürfen oder nicht, bestimmen nur sie allein. Wenn wir ihnen sympathisch sind, zeigen sie sich uns. Wenn nicht, haben wir eben Pech. Es gab immer mal wieder ein Raunen über gewisse Zaubermittel, vierblättrige Kleeblätter etwa, oder das Wasser bestimmter heiliger Quellen oder Kräutersalben, denen man nachsagt, sie könnten die Geister sich uns zeigen lassen. Aber man muss sich damit schon sehr gut auskennen, sonst geht das ins Auge und man wird blind statt sehend – sagt die Überlieferung.

Ein bisschen Spaß muss sein!

Auch heißt es, es gebe bestimmte Tage im Jahr und gewisse Stunden am Tag, die günstig seien, um mit den Elfen und Naturgeistern in Kontakt zu treten. Sommer- und Wintersonnenwende, die Mitternacht, die Dämmerung – im Englischen gibt es einen eigenen Ausdruck dafür: *wee hour*, die Stunde der Feen und Elfen. Wenn man daran glaubt, kann man die Kleinen Leute zu dieser Zeit zu sich einladen. Man kann ihnen ein Fest bereiten mit schöner Musik und Essen und zauberhaften Dingen, das lenkt sie von dem Unsinn ab, den sie im Kopf haben. Alle Kleinen Leute neigen zu Übermut, zu Schabernack und Streichen. Wenn sie gerade dazu aufgelegt sind, verstecken sie mal eben die Gartengeräte, lassen uns den Schlüssel zum Gartenhaus nicht mehr finden, laden die Schnecken zur Fressorgie im Hortensienbeet ein, pudern die Rosen mit Mehltau und geben den Läusen einen Untermietervertrag in den Holunderblüten, *just for fun*. Um ihnen solch dummes Zeug auszutreiben, müssen wir ihnen auf andere Weise Abwechslung und Unterhaltung bieten.

Wir sind also gut beraten, uns mit den Kleinen Leuten gut zu stellen. Wir sollten für sie ab und zu eine rauschende Party schmeißen, damit sie, wenn sie schon mal unter uns wohnen, wenigstens ihren daran Spaß haben. Und wir natürlich auch!

»Und unterm duftgen Schleier
Sooft der Lenz erwacht,
Webt in geheimer Feier
Die alte Zaubermacht.«

JOSEPH VON EICHENDORFF
Das Marmorbild

Elfenzauber – Partytipps aus dem Feenland

Fühl mal – die Sonne scheint schon richtig warm auf den Gartentisch! Da können wir glatt wieder draußen sitzen und den Frühling feiern, mit Spargel, Erdbeeren und Maibowle, was meinst du? Obwohl: ein bisschen Abwechslung könnte mal nicht schaden! Wie wäre es zum Beispiel mit einem Frühlingsfest nach Feenart? Feen sind Feierbiester, das steht regelmäßig in den Märchennachrichten zu lesen. Da wird von ausschweifenden Feenpartys berichtet, von Schlemmertafeln, auf denen sich Schüsseln mit Elfenspeise türmen, von Elfen-Musikcorps, die eigens eingeflogen werden, um die Flöte zu spielen, von Gesang und Tanz bis zum Morgengrauen und von wunderschönen Feen-It Girls, die ihre Abendkleider im Frühlingswind flattern lassen. Die Korrespondentin des »Gartensalon« konnte soeben mit Miss Fairy, der Partykönigin der Elfen, ein Exklusivinterview führen. Dabei verriet sie ihre besten Feiertipps aus dem Feenland:

MISS FAIRY, WIE HEISST ES RICHTIG: FEENFEST ODER ELFENFEST? Feen und Elfen sind miteinander verwandt. Wir alle können zaubern und fliegen, und wir werden von den Menschen in der Regel nicht gesehen. Feen fliegen mit Hilfe von Zauberkraft, sie brauchen keine Flügel. Elfen haben Flügel und bewegen sich damit fort, insofern sind sie etwas langsamer als die Feen. Wir Geistwesen leben seit jeher in friedlicher Koexistenz, wir helfen und unterstützen uns gegenseitig. Und wir mögen uns sehr – deshalb feiern wir auch so gern miteinander!

WANN FEIERN ELFEN UND FEEN IHR FRÜHLINGSFEST? Immer in der Nacht vom 30. April auf den 1. Mai. Da feiern zwar auch die Hexen Walpurgisnacht, aber das stört uns nicht – der Blocksberg ist uns, nun ja: zu vulgär. Wir bevorzugen Gärten mit Blumenwiesen und Obstbäumen als Party Location; wir feiern gern an geschützten Orten im Dämmerlicht, damit nicht jeder uns zu Gesicht bekommt. Deshalb beginnt unser Fest stets erst gegen 18 Uhr.

WAS TRÄGT DIE ELFENPARTYQUEEN IN DIESEM FRÜHJAHR? Auf keinen Fall ein weißes Kleid, das ist der Feenkönigin vorbehalten! Zarte Pastelltöne sind unsere Lieblingsfarben, wir sind mit den Blumengeistern verwandt und möchten das auch in der Wahl unserer Garderobe ausdrücken. Federleichte Farben wie Vergissmeinnichtblau, Fliederlila, Narzissengelb und Papageientulpenrosa schmeicheln unserem Teint. Wir unterstreichen das frühlingsfrische Auftreten mit einem Make-up in Blütenpudertönen.

WELCHEN SCHMUCK LEGEN FEEN- UND ELFENDAMEN ZUM FEST AN? Perlen! Die bekommen wir traditionell von unseren Großtanten, den Wassernixen, geschenkt. Diamanten trägt nur die Feenkönigin in ihrem Diadem. Wir normalunsterblichen Feen- und Elfendamen bevorzugen Blumenkränze aus gelben Blüten, etwa aus Löwenzahn, das ist unsere Lieblingsblume. Löwenzahn leuchtet so hübsch in der Dämmerung, deshalb benutzen unsere Beleuchter ihn auch als Laterne.

TRÄGT MAN DIE FLÜGEL OFFEN ODER GESCHLOSSEN? Das entscheidet jede Elfendame passend zu ihrem Alter und zu dem Kleid, das sie für den Abend wählt. Zu einem schlichten Kleid sehen offen getragene Flügel apart aus, allerdings sollte das Elfenmädchen dazu nicht älter als dreihundert Jahre, also noch nicht volljährig sein. Elfendamen mittleren Alters (etwa ab vierhundertneunzig Jahre plus) falten ihre Flügel beim Betreten der Tanzwiese zusammen. Ich habe mir sagen lassen, dass manche Elfendarstellerinnen im Menschenland versuchen, Elfenflügel selber zu nähen, zu häkeln oder zu basteln! Und stimmt es eigentlich, dass Menschen ein Äthernetzwerk besitzen, in dem sie solche Anleitungen sogar austauschen können? Dass sie dazu nur den Begriff *Feenflügel basteln* in eine Maschine eintippen müssen, um in Lichtgeschwindigkeit die Anleitung dafür zu erhalten? Wenn das stimmt, fände ich das feenomenal!

WIE DEKORIEREN SIE DIE FESTWIESE? Wir lieben Glockenblumen, Narzissen und Löwenzahn und rahmen unsere Tanzfläche überdies mit Elfenblumen ein. Wenn ich mich recht entsinne, nennen die Menschen diese winterharte Gartenpflanze *Epimedium rubrum*. Ihre zauberhaften, sternförmigen Blüten leuchten oft bis in den November hinein und scheuen, wie wir Elfen und Feen auch, das direkte Sonnenlicht. Gärten, in denen solche Elfenblumen blühen, gefallen uns sehr – wir treffen uns dort öfter zum Tanzen, nachts, wenn die Menschen schlafen.

ZU WELCHER MUSIK TANZEN SIE AUF DEM ELFEN-FEST? Wir lieben verspielte sphärische Klänge, zum Beispiel von Harfe, Flöte und Querflöte, doch müssen die Stücke lustig und fröhlich sein, so dass man gut drauf tanzen kann. Natürlich gibt es die Elfenmusik nicht vom Band, sie wird von Elfen für Elfen gespielt und kann nur von Elfen wahrgenommen werden!

WAS WÄRE EIN PARTYKILLER? Manche Menschen meinen, sie könnten uns anlocken, indem sie Klangstäbe im Garten aufhängen. Was für ein Irrtum! Elfen fürchten seit jeher Metall wie Eisen, Aluminium oder Edelstahl, sie mögen keine Feuerschalen, keine Glocken und auch keine Klangstäbe, die im Winde klirren – es sei denn, sie wären aus Gold.

WAS GIBT ES AUF DER FRÜHLINGSFEENPARTY ZU ESSEN? Elfenspeisen, natürlich! Da teilen wir uns mit den Menschen den gleichen Geschmack. Elfen und Feen lieben traditionell alles, was mit Milch und Sahne gemacht ist: Pudding, Eiscreme, Cremespeisen. Wir mögen auch Wildkräuter und wohlriechende Früchte, vor allem Erdbeeren, Äpfel, Pflaumen, Holunderbeeren und Brombeeren. Sehr gern haben wir auch Mandeln und Haselnüsse. Früher wussten die Menschen, dass wir verrückt nach Kuchen sind, besonders nach Hefezopf, Rohrnudeln und ofenwarmen Brötchen, wie etwa die Scones unserer englischen Schwestern. Leider ist das bei den Menschen in Vergessenheit geraten! Sie haben uns, wenn wir das Frühlingsfest feierten, früher immer kleine, frischgebackene Käsekuchen und Hefebrötchen aufs Fenstersims gestellt. Heute versorgen wir Zauberfrauen uns selbst. Wir bestellen beim Heinzelmännchen-Catering Schüsseln mit Erdbeeren und Schlagsahne und Löwenzahnblüten als Dekor!

DÜRFEN AUCH TROLLE, KOBOLDE UND ZWERGE AM FEST TEILNEHMEN? Das Frühlingsfeenfest ist ein traditionelles Damenfest – männliche Zauberwesen nehmen nur als Helfer daran teil. Sie stellen das pastellfarbene Elfenzelt und die Elfentische auf, sorgen dafür, dass wir genügend Abstellfläche für unsere Feenstäbe haben und dass der Ehrenvorsitz für die Feenkönigin weich gepolstert ist. Sie bringen die Krüge mit Kellergeister-Spritz herbei, zünden die Löwenzahn-Lampions an und kümmern sich darum, dass unser Nachschub an Kuchen, Sahne und Kräuterspeisen nicht ausgeht. Auf die Tanzwiese dürfen sie nicht, dazu sind sie nicht geeignet, ihre Schritte sind in der Regel zu tumb und tapsig.

Alle guten Geister – Die besten Tipps für ein Sommerzauberfest

Das Sommerzauberfest ist eine unterhaltsame Melange aus Mitternachtsparty, Geisterstunde, Mittsommernachtstanz und vorgezogenem Erntedankfest, also so etwas wie die hochsommerliche Variante der Halloween-Party. Selbstverständlich kann man Elemente dieses Sommerfestes auch in den späten Herbst hineinziehen und rund um den Auftritt der Kürbisgeister herum arrangieren. Nur muss man sich in diesem Falle bewusst sein, dass es dann heißt: warm anziehen!

WAS IST DER URSPRUNG DES SOMMERZAUBERFESTS? Fast überall in Europa wurde seit alten Zeiten anlässlich der Sommersonnenwende ausgelassen gefeiert. Weil die Leute früher hauptsächlich in der Landwirtschaft tätig waren, ging es dabei vor allem um den Segenszauber für eine gute Ernte. Es wurde allerhand Zauber getrieben, um Unwettergeister zu besänftigen, damit am Ende kein Gewitter, kein Hagel, kein frühzeitiger Frost die Ernte auf dem Feld zerstören. Manche Elemente dieses Brauchtums gingen in die Volksüberlieferung rund ums Gärtnern ein – Zaubersprüche etwa, die helfen sollen, das Gartengemüse gut reifen, die Bäume voller Früchte hängen zu lassen und Ungeziefer und Unkraut in Schach zu halten.

WAS SOLLTE ICH FÜR DAS SOMMERZAUBERFEST UN-BEDINGT BEREITHALTEN? Zaubermächtige Kräuter und Pflanzen wie Dill, Klatschmohn, Wiesenkümmel, Knoblauch, Dost (wilder Oregano), Quendel (wilder Thymian) und Sauerampfer. Sie gelten als Schutz- und Segenskräuter: Schutz vor Unwetter und Ernteschäden, Segen für fruchtbaren Boden und reiche Ernte. Die Kräuter können die Speisen für das Sommerzauber-Buffet würzen, man kann sie zu Tischsträußen binden, als Haarkranz winden, ans Dekolleté stecken – oder zum Zauberräucherwerk fürs Johannisfeuer bündeln.

WANN FINDET DAS SOMMERZAUBERFEST STATT? Traditionell lädt man dazu immer am 24. Juni ein, dem Johannistag. Früher glaubte man, dies sei der Tag, an dem die guten Geister am wirkungsmächtigsten seien. Ja, man glaubte sogar, die Menschen könnten an diesem Tag, sobald es dämmert, Geistwesen wie Feldkobolde, Feen, Elfen und Hausgeister sehen – vorausgesetzt, sie hatten zuvor ein vierblättriges Kleeblatt gefunden.

WIE WIRKT KLEE ALS ZAUBERDEKORATION? Vierblättrige Kleeblätter galten früher als Eintrittsbillet in die Welt der guten Geister. Man glaubte, sie wirkten wie eine Brille, die die Zauberwesen sichtbar macht. Wer für englischen Rasen schwärmt, wird über Kleewuchs zwar nicht gerade begeistert sein. Aber vielleicht froh über die Lösung für das alljährlich auftauchende Entsorgungsproblem mit den Kleetöpfen, die man zu Silvester bekommt: Die lassen sich nämlich charmant recyclen, indem man sie im Garten oder in größere Blumentöpfe einpflanzt – dann kann man den ganzen Sommer über »Ich sehe was, was du nicht siehst« spielen.

WAS HAT ES MIT DEM JOHANNISFEUER AUF SICH? Beim Sommerzauberfest wollen wir lästige Naturgeister vertreiben: all die irrlichternden Wesen, die heimlich das Gras zertrampeln, die Schnecken in Scharen zu den Blumenstauden locken, den Gewitterregen ausgerechnet auf die empfindsamsten Rosensorten prasseln und den Wurmstich in Äpfel, Birnen und Zwetschgen sein Unwesen treiben lassen. Hinweg mit euch! In das Johannisfeuer (als Lagerfeuer oder in der Feuerschale) streuen wir traditionelle Anti-Bösegeister-Kräuter wie Dill oder Wiesenkümmel, und zur Sicherheit auch noch etwas Salz hinein – das mögen, glaubt man den alten Überlieferungen, die Unkraut- und Unwettergeister nämlich ganz und gar nicht!

MIT HOLUNDER DEN GUTEN BAUMGEIST BESCHWÖREN: Holunder beschützt das Haus und alle, die darin wohnen, sagt man. Wenn man Glück hat, schlägt er mit einem Male plötzlich Wurzeln. Es kann vorkommen, dass er wie aus dem Nichts auf einmal aus der Erde wächst – dann hat er sich das Haus, den Garten und seine Bewohner wohl aus gutem Grunde ausgesucht! Vor der Schutzmacht des Holundergeistes hatten unsere Vorfahren dermaßen Respekt, dass sie vor jedem Holunder, an dem sie vorübergingen, den Hut zogen. Wir können dem Holunder für seine guten Dienste auch heute noch Respekt zollen, indem wir seine Früchte ehren und aus den Blüten und Beeren Köstlichkeiten für das Zauberfest bereiten.

DIE MITTERNACHTSGEISTER TANZEN LASSEN: Mit etwas Glück ist am 24. Juni endlich mal wieder richtig Sommer. Dann geht die Zauberfete bis weit nach Mitternacht und erlebt beim Schlage zwölf ihren gruseligen Höhepunkt: Die alten weißen Bettlaken, die wir an den Ästen der Bäume befestigt haben, schweben dann wie Gespenster im Dunkel der Nacht (da es sich nicht

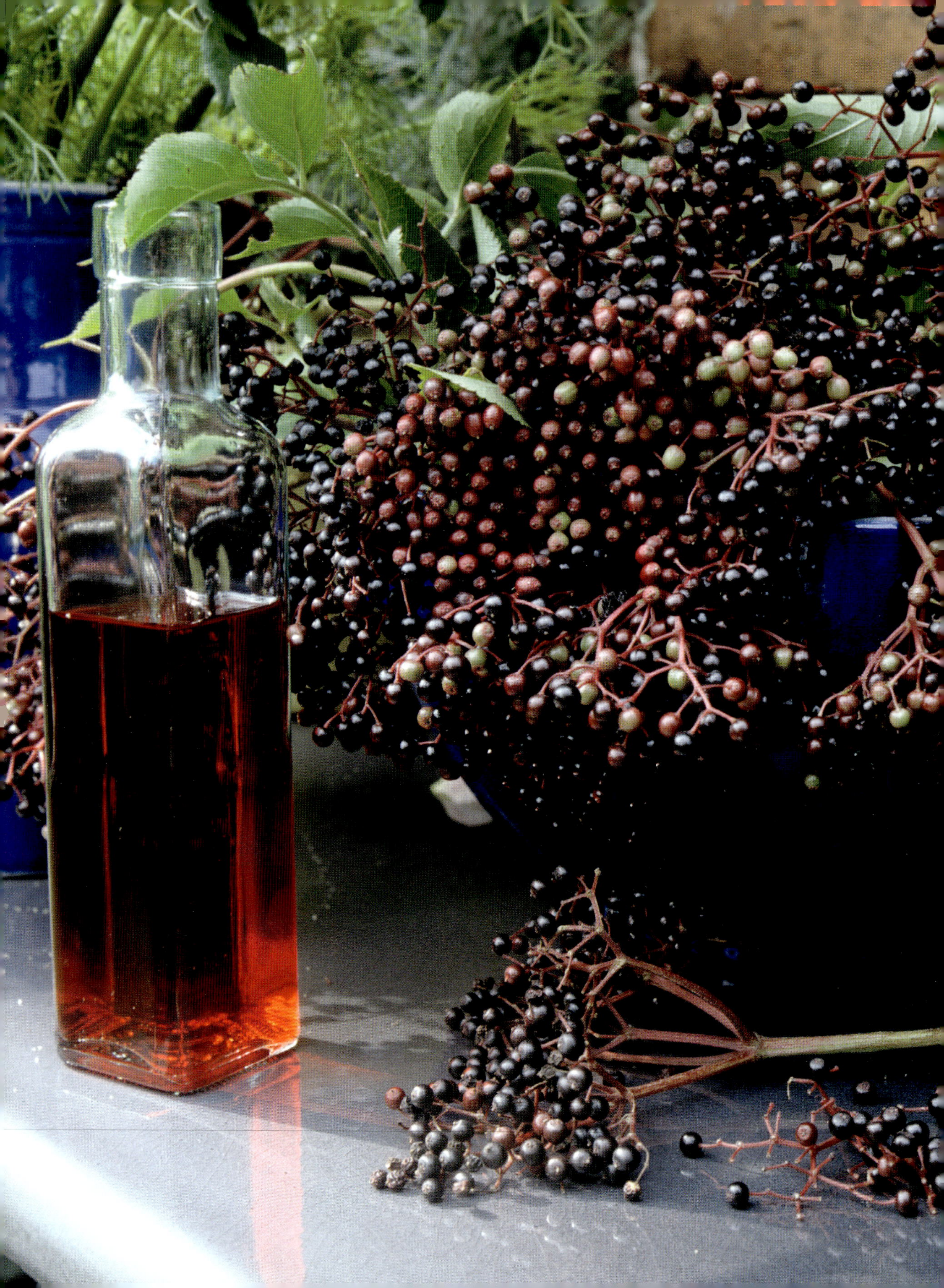

um ein Feenfest handelt, darf man in diesem Falle die Glocke schlagen lassen oder Klangstäbe aufhängen). Wer mag, lässt dazu das Käuzchen-Huhu von einer Naturstimmen-CD ertönen.

Der Neunkräutersegen

In ganz Europa galt die Sommersonnenwende einst als magische Zeit. Rund um den Johannistag ranken sich viele Schutz- und Segensbräuche. Damit machte man den bösen Gartengeistern Dampf! Und zwar im wahrsten Sinne des Wortes: rund um die Felder brannten die Johannisfeuer, dahinein warf man zaubermächtige Kräuter, die die Ernte schützen sollten und die Bauersleute gleich mit. Einer unserer ältesten Kräuterzauber, aus dem 9. Jahrhundert nach Christus, ist der *Nine Herbs Charm* aus England, der Neunkräutersegen. Den Zauberspruch dazu muss man nicht unbedingt kennen oder hersagen: er ist auf Altenglisch und ein regelrechter Zungenbrecher!

Neunkräutersegen-Gewürz

Das sind einige der Kräuter und Feldfrüchte, die aus altenglischen Quellen für den Neunkräutersegen überliefert sind:

- Beifuß
- (junge) Brennnesselblätter
- Brunnenkresse
- Feldsalat
- Fenchelgrün
- Kamillenblüten
- Kerbel
- Spitzwegerich
- Wiesenschaumkraut (eine wilde Kresseart)

Die Kräuter lassen sich auf dreierlei Art nutzen: entweder frisch gepflückt als Wildkräutersalat fürs Zauberbuffet oder gebündelt als Zauberrauch fürs Johannisfeuer (dann am besten auf die glühenden Kohlen legen). Oder man trocknet sie (dann lässt man den Feldsalat weg und ersetzt ihn traditionell durch Baldrian), rebelt sie und mischt sie mit Salz zu einem zauberhaften Gewürz. Die sehr alte Methode, die Kräuter im Mörser zu mahlen und zu Zaubersalbe zu verarbeiten, überlassen wir lieber den echten Kräuterfeen.

Flatterhaft
So lockt man Vögel und Schmetterlinge in den Garten

»Willst du mein Freund sein?«, sagte sie zu dem Rotkehlchen,
als spräche sie zu den Menschen. »Willst du?«

FRANCES HODGSON BURNETT
Der geheime Garten

Erst spät fiel es mir auf. Erst im letzten Sommer. Ich habe Jahrzehnte gebraucht, um die Vögel um mich herum zu sehen. Zu sehr hatte ich mich daran gewöhnt, dass es sie gibt. Sie waren Staffage, wie Möbel, Bilder, Nippes – angenehm und nett, aber eben auch: selbstverständlich. Und dann, plötzlich, wurde mir bewusst, dass etwas fehlt. Es war an diesem Abend im August, vielleicht war es auch schon Anfang September, genau entsinne ich mich nicht mehr, ich weiß nur: Es war bemerkenswert spät. An jenem Abend ging ich noch einmal raus, zu einem Spaziergang im Dämmerlicht. Irgendetwas war anders. Ich spürte es nur unterschwellig. Die Stimmung war nicht mehr so ausgelassen, die Hintergrundmusik erloschen, die lustigsten Gäste waren gegangen. Die Party war vorbei. Es war still. Die Amseln hatten aufgehört, zu singen.

Seither freue ich mich mehr als sonst auf den Frühling. Ich habe jetzt schon Herzklopfen, wenn ich an diesen einen Morgen denke, wo ich noch in der Nacht aus dem Schlaf gerissen werde, weil mich die Vögel wecken. Weil sie morgens um halb vier die Musik auf volle Laustärke drehen und es ihnen völlig gleichgültig ist, ob wir noch in den Federn liegen. Dann flattern sie vor Lampenfieber ganz aufgeregt hin und her, packen ihre Instrumente aus, stimmen hier die Saiten, machen dort ein paar Stimmübungen, und schon geht's los mit dem Stück für Orchester und Chor, dem großen Frühlingsstimmenwalzer mit Flöten und Tirilieren, Tschirpen und Gezwitscher. Oh, wie ich mich heute schon auf diesen Morgen freue!

Freibier für die Musiker

Seit diesem Abend im Spätsommer kümmere ich mich um meine Vögel im Garten. Ich bin neugierig, wie es ihnen geht. Wo bauen sie ihre Nester? Wann werden die Jungen flügge? Was fressen meine Vögelchen im Frühling und Sommer? Was machen sie im Winter? Wo schlafen sie? Können sie überhaupt schlafen, wenn es kalt ist?

Ich weiß jetzt, dass es Vögel gibt, die weiches Futter mögen. Und solche, die es gerne knusprig haben, die lieber auf Körnern herumknabbern. Ich weiß, dass es einfallslos wäre, den Vögeln irgend so einen vorgefertigten Meisenknödel mit Industriefett hinzuhängen und zu meinen, damit sei der winterliche Gabentisch für sie hinreichend gedeckt. Ich bin weit davon entfernt, eine Vogelkennerin zu sein, aber ich habe mich ein bisschen schlau gemacht und nachgelesen, was ich tun kann, um den Blau- und Kohlmeisen, den Amseln und Drosseln, den Grünfinken und Sperlingen in meinem Garten den Winter ein wenig angenehmer zu gestalten.

Und ich werde das Vogelhäuschen, das meine Schwester mir vor Jahren geschenkt hat, endlich aufstellen! Bisher dachte ich, Vögel fänden sich schon alleine zurecht, Vogelhäuschen seien eine romantische Spielerei für Stadtmenschen, weit entfernt davon, den Vögeln artgerecht zu werden. Ich bin aufmerksamer geworden und nehme mir die Empfehlung des Vogelexperten Ernst Paul Dörfler zu Herzen, der meinte: »Wenn im Winter Hunger und Not über die Vögel hereinbrechen, sind wir Menschen zur Hilfeleistung verpflichtet. Wir geben von unserem Wohlstand etwas an die Schwächeren ab – und werden dafür belohnt.«

Eigentlich hätte ich auch früher darauf kommen können. Ich bin in Oberbayern aufgewachsen. Da ist es auf dem Lande üblich, bei Festen einen Extratisch herzurichten. Dann wird aufgekocht und dafür Sorge getragen, dass der Trupp sich wohlfühlt, der auf unserem Fest für die Stimmung sorgt und für die gute Laune, für Tanz, Spaß und Ausgelassenheit. Der Tisch für die Leute, die aufspielen, der Tisch »für die Musi« – der wird besonders reichlich gedeckt.

»Die Apfelbäume hinterm Zaun erröten.
Die Birken machen einen grünen Knicks.
Die Drosseln spielen, auf ganz kleinen Flöten,
das Scherzo aus der Symphonie des Glücks.«

ERICH KÄSTNER
Die 13 Monate, »Der Mai«

Essen wie ein Spatz –
die Lieblingsgerichte der Gartenvögel

Den alten Spruch, dass es draußen irgendwie immer besser schmeckt als drinnen, werden Vögel sofort unterschreiben. Sie kennen nichts anderes, als das Tafeln unter freiem Himmel. Man denke aber nicht, sie seien dabei nicht wählerisch! Vögel haben, wie wir auch, beim Essen ihre Vorlieben. Sollten wir also vorhaben, unseren Gartensalon noch vogelfreundlicher zu gestalten, hilft es, über die Essvorlieben der gefiederten Freunde ein wenig Bescheid zu wissen.

STIMMT ES, DASS MAN VÖGEL NUR BEI FROST FÜTTERN SOLL? Zwar gehen die Meinungen hier noch auseinander, jedoch setzt sich mehr und mehr die Antwort durch: Nein. Unsere Umwelt ist einfach nicht mehr so intakt, dass Vögel von Natur aus alles finden können, was sie zum Überleben brauchen – auch nicht in einem milden Winter. Ob wir auf dem Lande leben oder in der Stadt: Wir fangen am besten im Herbst damit an, die Vorratskammer für die Gartenvögel zu bestücken. So merken die Tiere rechtzeitig, wer ihnen freundlich den Tisch deckt, und können im Winter, wenn die Futtersuche mühsam wird, ohne Umschweife den Weg zu unserem Garten- oder Balkonbuffet finden. Außerdem hilft ihnen das Zusatzfutter ab Herbst, die nötigen Fettpolster auszubilden.

WIE VIEL VOGELFUTTER GEBE ICH IM HERBST, WIE VIEL IM WINTER? Die Faustregel fürs Vogelfüttern lautet: Lieber weniger geben, aber dafür regelmäßig. Ansonsten: Solange die Böden nicht gefroren sind und kein Schnee liegt, hält man nur eine geringe Menge Vogelfutter bereit, die den Vögeln hilft, sich eine wärmende Fettschicht als Kälteschutz zuzulegen. Zudem wirkt das kleine Zubrot wie ein Tischkärtchen, das den gefiederten Gästen signalisiert: Hier ist euer Platz, hier bekommt ihr auch im Winter was zu futtern!

Sobald der Frost kommt, sind unsere Gartenvögel auf Großzügigkeit angewiesen: Jetzt decken wir ihnen jeden Tag den Gabentisch und sorgen regelmäßig für Nachschub. Denn auch Vögel brauchen Fett und Kohlenhydrate, um ihre Körpertemperatur aufrechtzuerhalten – vor allem nachts, wenn sie bei eisiger Kälte schlafen.

WO IST DER BESTE PLATZ FÜR DIE FUTTERSTELLE? Dort, wo Schmidts Katze nicht mit einem Hopps hinkommt – und auch nicht mit zweien! Ein wettergeschützter Platz, der nicht beim ersten Schneefall, Herbststurm oder Prasselregen in kürzester Zeit total durchnässt, leergefegt oder zentimeterdick zugedeckt ist. Und der auch für uns gut zu erreichen ist, damit wir den Vogeltisch ohne Aufwand decken – und die Kleinen, wenn wir Lust haben, vom Fenster aus beim Futtern beobachten können! Noch ein Tipp: Falls keine Katzen in der Nähe sind, bevorzugen Vögel übrigens den Boden zum Picken – den Ort, wo sie natürlicherweise auch nach ihrem Futter suchen.

EINEN BLUMENSTRAUSS FÜR SPATZEN BINDEN: Spatzen lieben Wildkräuter- und Grassamen. Sie freuen sich über getrocknete Wildblumensträuße, die wir im Sommer für sie pflücken und für den Herbst und Winter trocknen. Dann hängen wir die Sträuße umgekehrt an einen geschützten Ast – und die Spatzen können sich in der kalten Jahreszeit die nahrhaften Samen daraus picken.

IM ERDREICH WÜHLEN: Sie haben einen Komposthaufen? Prima, dann können sich die Gartenvögel freuen! Im Winter, wenn der Kompost unter einer Schneedecke liegt, sollten wir den Schnee regelmäßig wegrechen und die oberste Kompostschicht leicht auflockern. Dann kommen die Vögel leichter an die im Erdreich wimmelnden Kleinstlebewesen heran. (Beim Auflockern des Komposthaufens bitte vorsichtig sein: Nicht, dass sich da ein Igel eingerollt hat!)

NICHT DEN APPETIT VERDERBEN! Auch für Vögel gibt es strikte No-Gos. Dieses Futter sollten wir ihnen auf keinen Fall hinstellen: Weißbrotkrumen, Hefegebäck, Salziges (Knabberzeugbrösel, gesalzene Nüsse, salziger Käse, Wurststückchen), schimmelige Lebensmittel (Brot, Käse), Kokosflocken (verursachen Vogelmagenprobleme).

Welches Futter wünschen sich Gartenvögel von uns Menschen?

Unsere Gartenvögel haben so ihre Eigenarten. Manche mögen es knackig, wie die Buntspechte, Finken oder Sperlinge – die freuen sich über härteres Futter, bei dem sie es krachen lassen können. Andere wiederum haben es gerne gemütlich und ziehen weiches, süßlicheres Futter vor:

AMSELN, BLAU- UND KOHLMEISEN, DROSSELN, ROTKEHLCHEN:

Sie mögen weiche Haferflocken, zerkrümelte Walnüsse und Erdnüsse (ungesalzen), Rosinen, Apfelschnitze, Birnenschnitze (man kann auch ganze Äpfel oder Birnen an einen Ast am Baum stecken, am liebsten haben die Vögel übrigens Fallobst von Wildapfel- oder Wildbirnenbäumen – wenn fette Würmer drin sind, ist das für die gefiederten Gäste ein Festmahl!) Tipp: einfach wildes Fallobst im nächsten Spätsommer oder Herbst bei einem Spaziergang für die Vögel sammeln.

BUNTSPECHT:

Kiefern- und Tannenzapfen, ganze Haselnüsse und Walnüsse ohne Schale.

FINKEN, STIEGLITZE:

Bucheckern (kann man im Wald sammeln), Sonnenblumenkerne, grobe Haferflocken.

SPATZ (HAUSSPERLING):

Getreidekörner (auch Maiskörner), grobe und weiche Haferflocken, Sonnenblumenkerne, zerkrümelte Walnüsse, gehackte Erdnüsse (ungesalzen!).

Welches Futter wollen Vögel von Natur aus im Garten finden?

Die nahrhaften Samen und Früchte vieler Gartenpflanzen helfen den Vögeln, Fettpolster für den Winter zu bilden – und somit in der kalten Jahreszeit, wenn sich Insekten und Würmer dünne machen, bei Kräften zu bleiben.

EFEU:
Der gewöhnliche Efeu bildet Beeren aus, die viele Vögel lieben.

WILDBLUMENWIESEN:
Lassen Sie einen Teil des Rasens als Wildblumenwiese stehen – viele Gartenvögel ernähren sich von Blumen- und Gräsersamen, zum Beispiel von Löwenzahn, Brennnessel, Knöterich und Wegerich. Auch Kräutersamen mögen sie gern, vor allem von Majoran und Thymian, Lavendel und Zitronenmelisse. Ebenfalls eine Vogelleibspeise: Sonnenblumen(kerne).

FRUCHTTRAGENDE BÄUME, STRÄUCHER
UND HECKEN, AUF DIE SICH VIELE VÖGEL
MIT VERGNÜGEN STÜRZEN:
Berberitze, Brombeere, Eberesche (Vogelbeere), Haselnuss, Hundsrose (Hagebutten), Holunder, Johannisbeeren, Kirsche, Liguster, Sanddorn, Stechpalme (Ilex), Wolliger Schneeball, Walnuss, Weißdorn.

Alle Vögel sind schon da – Hebammenhilfe im Frühling

Im Frühling und Sommer sind wir als zurückhaltende Gastgeber gefragt. Jetzt müssen wir für die Vögel nicht den Tisch decken, sondern eher dafür sorgen, dass sie sich in unserem Gartensalon willkommen und geborgen fühlen und ihre Brut in Ruhe aufziehen können. Es kommt jetzt auch auf unsere Fähigkeit an, ungebetene Gäste freundlich, aber bestimmt, hinauszukomplimentieren.

HUSCH, HUSCH, KÄTZCHEN! Alles hat seine Zeit – wenn die Vögel brüten, achten sorgsame Katzenbesitzer darauf, ihre Katze ab der Dämmerung bis zum Sonnenaufgang im Haus zu behalten. Tagsüber binden sie ihr ein Bändchen mit einem Glöckchen um (zum Beispiel das vom Schoko-Osterhasen), damit die Vogeleltern rechtzeitig gewarnt sind!

ENTBINDUNGSSTATION FÜR VÖGEL: Nistkästen zu bauen, macht Spaß und ist in urbanen Gegenden sinnvoll, wo natürliche Nistplätze rar sind (Anleitungen für Nistkästen jeglicher Bauart, vom Spatzencottage bis zur Luxushütte für Graf Piep, gibt es zuhauf zwischen zwei Buchdeckeln oder online). Ein Nistkasten kann Vögeln, die noch nicht bemerkt haben, wie großartig es sich in unserem Garten wohnen lässt, einen Umzug dahin schmackhaft machen! Ist der Nistkasten fertig, muss er noch richtig platziert werden: Das Einflugloch darf nicht auf der Wetterseite sein (das ist meistens Westen) und auch nicht in der prallen Sonne – Halbschatten ist perfekt. Und bitte die Frühchen-Station so anbringen, dass Garfield zwar große Augen machen, aber nicht danach grapschen kann!

MODERNE SIEDLUNGSPOLITIK: Einfamilienhäuser sind auch im Vogelreich nicht mehr so en vogue. Heute bevorzugt der Vogel-Weltbürger eine bunt gemischte Nachbarschaft (die sich natürlich nicht futtermäßig in die Quere kommen sollte). Vorausgesetzt also, Ihr Garten ist groß genug und das Nahrungsangebot entsprechend üppig, können Sie ruhig mehrere Nistkästen für unterschiedliche Vogelarten anbringen – zum Beispiel für Sperlinge, Blaumeisen, Gartenrotschwänzchen.

OJE! EIN VÖGELCHEN IST AUS DEM NEST GEFALLEN? Selber aufziehen ist schwierig und geht meistens schief. Wer sich nicht gut mit Vögeln auskennt (wie die meisten von uns) legt das Kleine in eine Schuhschachtel (die mit Stroh, Heu, frisch gerupftem Gras oder Blättern weich gepolstert ist), setzt den Deckel darauf (vorher mit der Stricknadel Löcher rein machen), und fährt auf schnellstem Wege zum nächsten Tierschutzverein, der auch Vögel betreut.

NOTFALLSET: Weil in unserem Garten jedes Jahr mindestens ein Junges aus dem Spatzennest in der Dachrinne fällt, halte ich inzwischen im Keller mein Notfallset parat: die oben erwähnte Schuhschachtel mit Heu vom Osternest. Wenn man so ein Vogelwürmchen findet, ist nämlich Eile angesagt. Falls Sie wissen möchten, wo in Ihrer Nähe ein Tierschutzverein ist, der verletzte Vögel aufnimmt, können Sie sich beim Dachverband Deutscher Avifaunisten (DDA) vielleicht schon mal im Winter über Auffangstationen in Ihrer Nähe informieren: www.dda-web.de.

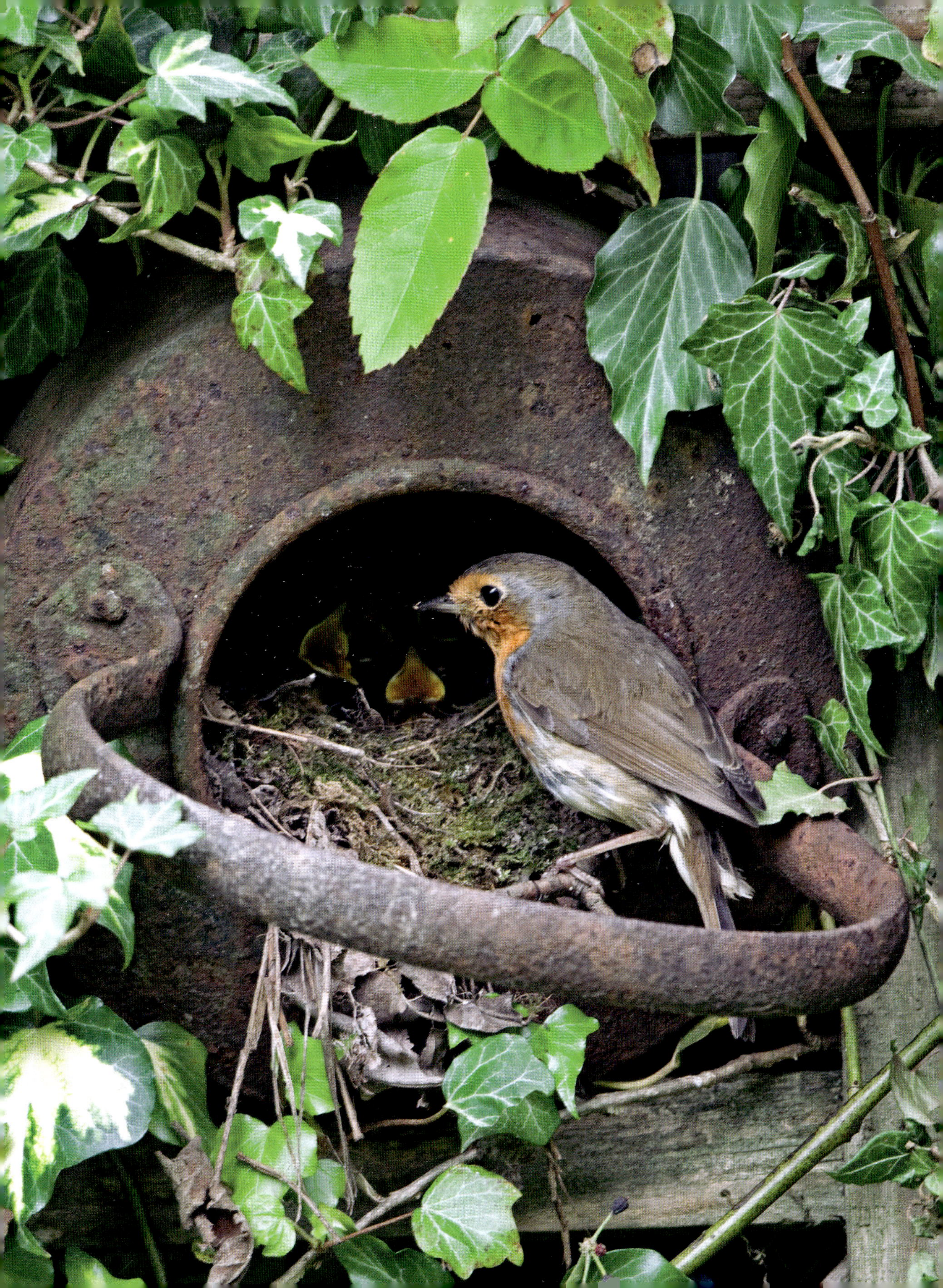

Flatterhafte Gemüter – So wird unser Garten ein Schmetterlingsparadies

Schmetterlinge und Falter machen sich wie Bienen und Hummeln bei uns zusehends rar. Aber wir können etwas dagegen tun! Wie in der Blütezeit der Salonkultur gilt auch für den Gartensalon: Je mehr schillernde Persönlichkeiten, bunte Gestalten und flamboyante Erscheinungen wir dazu einladen, desto unterhaltsamer und vergnüglicher wird uns dabei die Zeit!

DIESE BLUMEN ZIEHEN SCHMETTERLINGE AN: Akelei, Astern, Christrose, Dahlie, Fetthenne, Glockenblume, Kosmee, Löwenmaul, Mohn, Rittersporn, Schlüsselblume, Sonnenblume, Stockrose, Storchschnabel, Rose, Zaunwicke.

DIESE KRÄUTER UND WILDPFLANZEN DIENEN SCHMETTERLINGEN ALS NAHRUNG: Brennnesseln, Eisenkraut, Hornklee, Johanniskraut, Lavendel, Majoran, Minze, Rosmarin, Schnittlauch, Thymian, Ysop.

DIE BLÜTEN DIESER BEEREN, OBSTBÄUME, BÄUME UND STRÄUCHER SIND FÜR SCHMETTERLINGE ZUM POLLENSAMMELN WICHTIG: Apfel, Brombeere, Himbeere, Goldlack, Kirsche, Pfirsich, Pflaume, Weide, Weißdorn.

SCHÖN NATÜRLICH: Herbizide, Fungizide und Pestizide machen nicht nur vermeintlichen Schädlingen, sondern letztlich auch den Schmetterlingen den Garaus. Je natürlicher wir unseren Garten pflegen, desto wohler fühlen sich bei uns die Schmetterlinge und Falter.

WIESENBLUMEN STEHEN LASSEN: Eine bunte Blumenwiese mit nektarhaltigen Blüten (siehe Empfehlungen) dient Schmetterlingen als Nahrung. Wenn Sie nicht ihren ganzen Rasen opfern möchten, reicht es durchaus, einen Teil des Rasens ein wenig verwildern zu lassen und nur ein, zweimal im Jahr zu mähen. Oder Sie legen ein kleineres Rasenstück eigens als Schmetterlingswiese an (fertige Samenmischungen für Schmetterlingswiesen gibt es von vielen Herstellern).

HEISSES PFLASTER: Der absolute Favorit unter den Schmetterlingslandeplätzen (zum Beispiel für den Admiral) ist übrigens die Brennnessel!

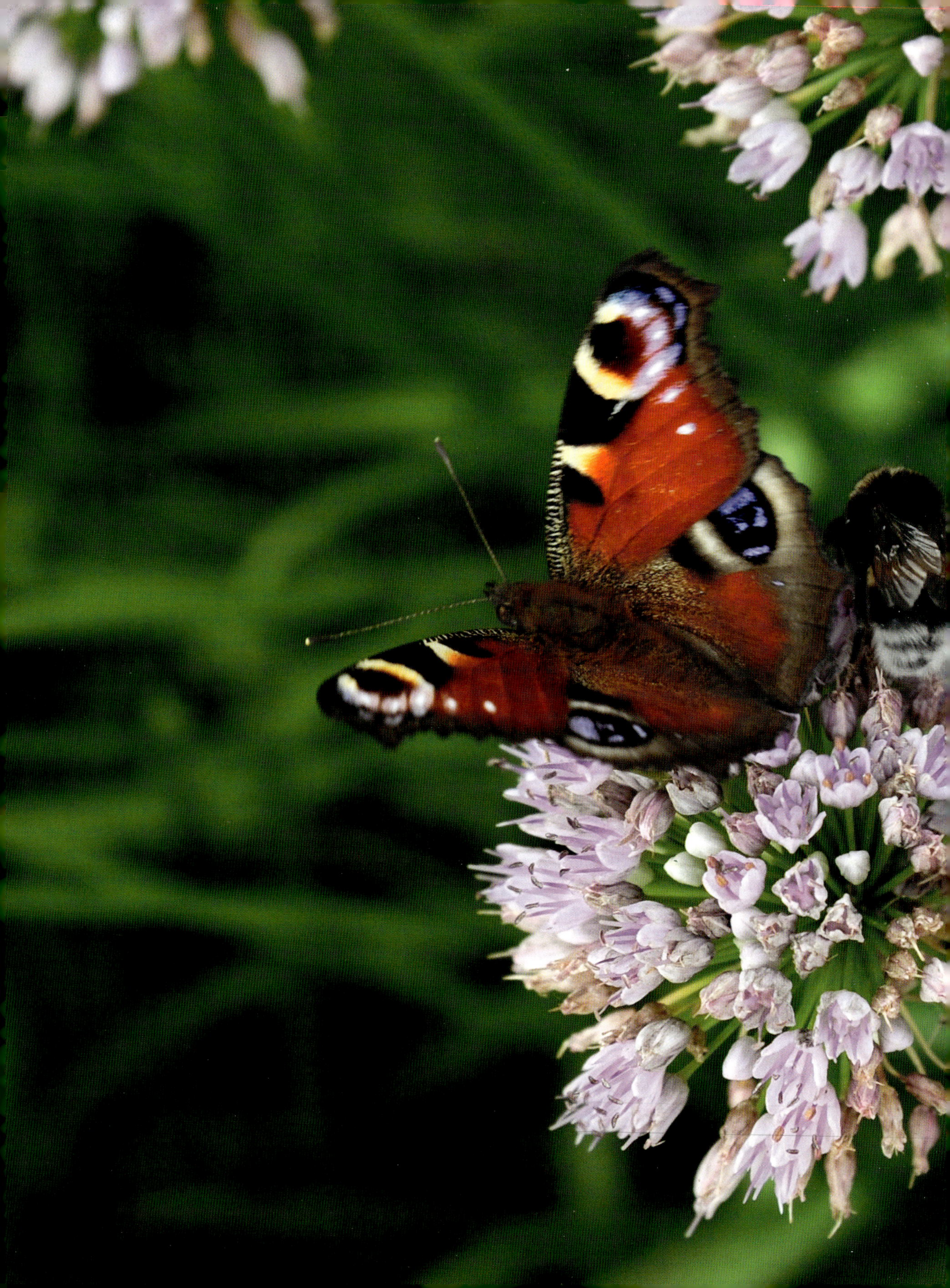

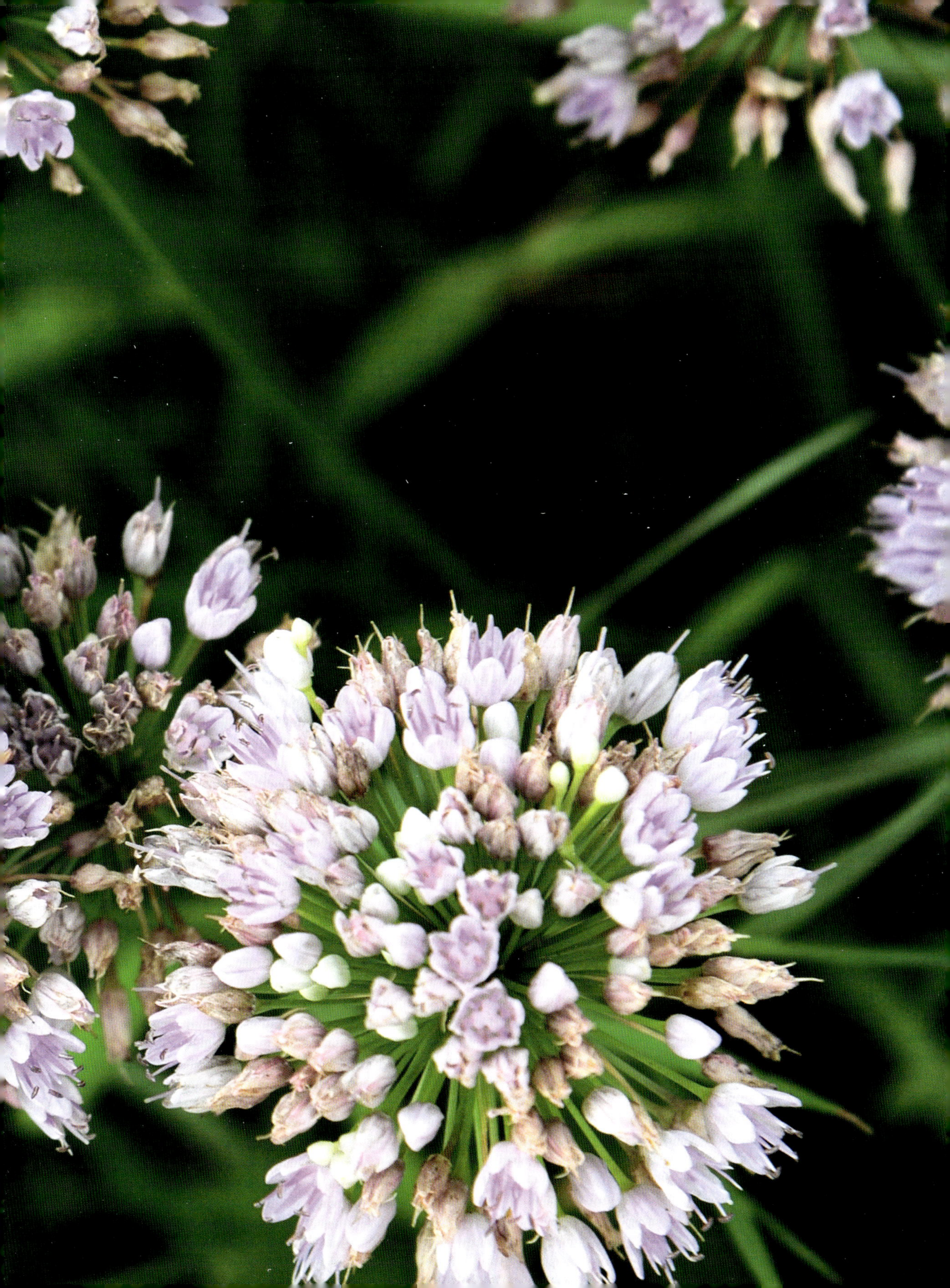

AU REVOIR!

Rezeptverzeichnis

ENTRÉES & SNACKS
Brioche mit Bresaola, Birne und gerösteten Haselnüssen 182
Lardo-Häppchen mit Rucola und Rosa Pfeffer 23
Potted Shrimps 61
Salbei Crisps 116

PESTO, DIPS & SAUCEN
Hummus-Quark-Dip 148
Minzepesto 147

SALATE & VORSPEISEN
Brunnenkresse-Portulak-Salat 62
Karottensalat mit Himbeeren und Pinienkernen 150
Shrimps-Cocktail mit Erdbeeren und Macadamianüssen 47
Verdure al limone (Sommergemüse in
Amalfi-Zitronen-Marinade) 75
Ziegenfrischkäse mit weißem Pfirsich
und Estragon-Rosen-Vinaigrette 24
Zwetschgen-Stilton-Tarte mit Walnüssen 63

WARME GEMÜSEGERICHTE
Frühlingszwiebeln mit Korinthen und Chili 149
Gebratener Radicchio 65
Selleriegratin mit Trüffelbutter-Croutons 183

PASTA
Gnocchi mit Almschotten (Ricotta),
Pfifferlingen und Bergthymian 25
Pasta im Parmesanlaib 77

FLEISCH & GEFLÜGEL

Aprikosen-Hackfleischbällchen 146
Dundee Roast (Kalbsrollbraten mit Orangen) 64
Lorbeer-Zimt-Brathähnchen 151

DESSERTS & SÜSSES

Hefezopf-Auflauf mit Rosenblüten.. 44
Kaiserschmarrn mit Rosenblütenzucker 45
Lavendel-Orangen-Panna cotta mit
Kompott von schwarzen Johannisbeeren................................ 26
Meditererraner Obstsalat 80
Pistaziensahne 80
Sternenstaub-Schaumomelette mit Blattgold
und Himbeerkompott 184
Thymian-Trüffelpralinen..129

KUCHEN & TÖRTCHEN

Alte-Marmeladen-Rebirthing-Kuchen 131
Barock'n'Roll-Kuchen (Eierlikörkuchen mit Anis)................. 78
Schoko-Lavendel-Praliné-Tarte... 66

GETRÄNKE & ERFRISCHUNGEN

Rosensecco.. 46
Rosentee... 41
Splish-Splash-Bowle 95

HAUSGEMACHTES & EINGEMACHTES

Duftrosenblüten-Esssig 125
Himbeeren, getrocknet 122
Himbeerzucker 123
Neunkräutersegen-Gewürz 210
Johannisbeer-Essig 123
Rosenblütenzucker 42
Suppenglückskraut 126
Thymianblüten-Salz 126
Za'atar (Bohnenkraut-Sesam-Gewürzmischung) 128

POTPOURRIS & RÄUCHERDÜFTE

Dust No. 5 169
Frühlingsfeen-Bad 164
Ich sag's dir durch die Blume-Bouquet 168
Liebesnächte-Rauch 171
Schön, dass du da bist-Bouquet 167
Schönheitsköniginnen-Bad 165
Sehnsuchtszauber-Rauch 170
Sommernachts-Traumbad 165
Vergissmeinnicht-Zauberrauch 171

SCHÖNMACHER

Botox ade!-Quarkmaske mit Rosenblüten 108
Hallo-wach!-Meersalzpeeling mit Rosmarin 108
Seelenstreichler-Meersalzpeeling mit Lavendelblüten 107

Bezugsquellen

Diese Auswahl ist sehr persönlich; ich habe darin ein paar charmante – und vor allem – besondere Hersteller und Dinge versammelt, die mir gefallen und die mich überzeugen. *Nice-to-have*-Sachen – nicht nur für den Gartensommer!

ÄTHERISCHE DUFTÖLE: Sehr feine naturreine Öle in ausgezeichneter Qualität und großer Auswahl gibt es vom Hersteller Neumond (www.neumond.de) sowie von Primavera (auch eine Vielfalt an Rosenölen – von afghanischer bis türkischer Rose). Wenn Sie nicht online bestellen möchten: Auf der Website www.primaveralife.com erfahren Sie, bei welchen Händlern in Ihrer Nähe es die ätherischen Öle zu kaufen gibt.

AMALFI-ZITRONEN (und andere unbehandelte Früchte) über www.sandner-fruechte.de.

ARABISCHE DATTELN IN ORANGENBLÜTEN-ESSENZ: von www.doktorenhof.de (Manufaktur für exklusive Weinessige, Essig-Essenzen und Essig-Elixiere).

BERGAMOTTESIRUP: Sehr aromatische, kaum süße Sirups stellt die kleine Berner Manufaktur www.sirupierdeberne.ch her. Den Sirup kann man in Deutschland beziehen über: www.muckaffee.de.

BIKINIS im Retro-Design und andere frech-fröhliche Gute-Laune-Klamotten: www.killerkirsche.de.

BIRNEN-BALSAMESSIG: über www.dallmayr-versand.de.

BLATTGOLD: essbares Blattgold in Gourmet-Qualität bekommt man zum Beispiel über den Münchner Händler www.credo-blattgold.de.

BLUMEN-HAARREIF über www.dirndl-liebe.de.

DECKEN UND ÜBERWÜRFE IM ETHNOSTIL: www.anthropologie.eu. Oder von Grüne Erde (handgefertigte Decken und Plaids aus reinen Naturmaterialien: www.grueneerde.com).

EPIMEDIUM RUBRUM, besser bekannt als ELFENBLUME: Gibt es in vielen Gärtnereien zu kaufen oder auch übers Internet – einfach den Begriff »Elfenblume« eingeben, dann erscheinen viele Adressen!

FACKELN aus Wachs mit langer Brenndauer sowie Fackeln in Herz- oder Jahreszahlform: www.wachsfackeln.de.

FEUERSCHALEN in schönen, stabilen Designs mit passendem Zubehör und Fachberatung: www.schornsteinmarkt.de.

FLASCHEN für selbstgemachte Liköre: In angenehm schlichtem Design gibt es sie zum Beispiel bei www.feiner-tropfen.de (da unter »Likörflaschen« schauen).

GEMSHORN (*Matthiola bicornis*) – die Blumensamen in Bioqualität gibt es zum Beispiel über www.syringa-pflanzen.de.

HOLLYWOODSCHAUKELN – gepolsterte Zweisitzer und Dreisitzer in traditionellem oder schlicht-modernem Design, zum Beispiel über: www.hollywoodschaukel-paradies.de; etwas vornehmere Modelle, zum Beispiel im Kolonialstil, findet man unter www.exklusive-gartenmoebel.eu.

KAFFEE: Einer der besten Arabicas, die ich kenne, sehr bekömmlich und vor allem fair gehandelt – und zwar so, dass man es wirklich nachvollziehen kann: www.cafecita.eu.

KANDIERTE ESSBARE BLÜTEN, zum Beispiel Hornveilchen, Tausendschönchen, Gänseblümchen, von www.eversundtochter.de.

KISSEN IM LANDHAUSSTIL für die Gartenbank, den Liegestuhl, die Hängematte: www.judy-at-home.de.

KRÄUTERTROCKNER aus Buchenholz, handlich, stapelbar, perfekt für Leute mit wenig Platz, hatte die Firma Grüne Erde lange im Sortiment. Ab Frühjahr 2015 soll er laut Firmenauskunft wieder lieferbar sein. Einfach mal nachfragen unter www.grueneerde.com.

LAMPIONS ganz in Weiß, fluffige Pom-Poms und Girlanden für die romantische Ausstattung des Liebesgartens findet man bei Hochzeitsdeko-Spezialisten wie etwa www.weddix.de.

MANDARINENSALZ aus der Manufaktur der Wiener Köchin Sohyi Kim (www.kimkocht.at). Kann man zum Beispiel in ihrem Restaurant und Shop am Hohen Markt in Wien kaufen (www.merkurhohermarkt.at).

MOSKITONETZ: über www.brettschneider.de

NISTKÄSTEN FÜR VÖGEL in wunderschönem, schlichten Design sowie Futter- und Nistplätze für andere nützliche Wildtiere und Insekten kann man im Onlineshop der Deutschen Wildtierstiftung kaufen: www.wildtierland.de

ORIENT-DEKORATION: Kleinmöbel, Sitzkissen, Decken & Lampen für draußen, hübsch bunt und fröhlich: www.maisonsdumonde.com.

PARAVENTS in allen Formen und Größen und mit teils witzigem Dekor (britisches Telefonhäuschen-Design) kann man zum Beispiel bei www.miavilla.de bestellen.

PICKNICKGESCHIRR & PARTYDEKO: Mindestens so schön wie Porzellan! Und für die tollsten Anlässe (gucken Sie mal auf der folgenden Homepage unter »Events«): www.talkingtables.co.uk.

RÄUCHERWERK in Bioqualität, in vielerlei Formen und Düften, gibt es vor Ort oder über den Online-Versand vom AllgäuerKräutergarten Artemisia: www.artemisia.de.

ROSENBLÜTENSIRUP: www.epiceriedeprovence.com oder www.von-blythen.de.

SCHAUKELN – ein klassisches Modell für Erwachsene, zum Beispiel aus Buchenholz: www.gartenausholz.de; diverse Modelle zum Sitzen, Liegen, Relaxen und Abhängen: www.die-schaukel.de oder www.exklusive-gartenmoebel.eu.

SCHNITTMUSTER FÜR EMPIRE- UND BIEDERMEIER-MODE: www.neheleniapatterns.com.

SONNENSCHIRME aus den Fünfzigerjahren und allerlei anderen prächtigen Retro-Schnickschnack gibt's im: www.retrokaufhaus.de.

SONNENLIEGEN IN EDEL-AUSSTATTUNG führt www.exclusivgarten.de; preisgünstigere Modelle in bunten Sommerfarben findet man zum Beispiel bei www.maisonsdumonde.com.

STREUBLÜMCHEN-PORZELLAN – Originalmotive in vielen Formen und feinster Ausführung: www.augarten.at.

STROHHALME AUS PAPIER: lustig, dekorativ und nachhaltig, weil komplett kompostierbar. Von www.greenmood.de (Kontakt: happy@greenmood.de).

SÜSSIGKEITEN wie aus der Jugend goldenen Tagen: www.gretagold.de.

TISCHFEUERWERK und andere vergnügliche Dinge mit Knalleffekt gibt's zum Beispiel unter www.feuerwerk-bestellen.de.

TROPFENFÄNGER – weiße Porzellan-Tropfenfänger mit Hunde-, Eichhörnchen- und allerlei anderen possierlichen Tiermotiven gibt's unter www.tee-handelskontor-bremen-shop.de; solche mit Rosenmotiv bei www.galeria-kaufhof.de.

TUNIKAS gibt es günstig und in verschiedenen Längen und Ethnomustern zum Beispiel von www.anthropologie.eu oder als Prêt-à-Porter-Teil mit Geldbeutelruin-Potential (aber jeder Menge Glamour) von: www.talithacollection.com.

ULTRAMARINBLAU: als echtes Farbpigment in verschiedenen Reinheitsgraden. Über Kremer Pigmente (www.kremer-pigmente.de).

WARMHALTEHAUBEN: historische Warmhaltehauben für Kaffeekannen findet man im Antik-Online-Shop www.vintage-treasure.de.

WEISSER TEE: zum Beispiel über www.dallmayr-versand.de.

WILDBLUMENSAMEN in Bioqualität kann man online bestellen bei www.wildtierland.de.

WÜSTENZELT: Nicht eben ein Schnäppchen, dafür der absolute Hingucker – verwandelt Ihren Garten in eine Oase aus Tausendundeiner Nacht: www.anthropologie.eu (dort auf »House & Home«/»Garden & Outdoor« klicken).

Auswahlbibliographie

Allende, Isabel: Aphrodite. Eine Feier der Sinne. Frankfurt am Main 1999.

Barnes, Djuna: Verführer an allen Ecken und Enden. Ratschläge für die kultivierte Frau. Berlin 1999.

Binkert, Dörthe: Frauen und Rosen. Mit einem Vorwort von Elke Heidenreich. München/Wien 2012.

Briggs, Katharine/*Michaelis*, Ruth (Hrsg.): Englische Volksmärchen. Aus dem Englischen übertragen von Uta Schier. Augsburg, München 1998.

Burnett, Frances H.: Der geheime Garten. Aus dem Englischen von Friedel Hömke. München 1978.

von Buttlar, Adrian: Der englische Landsitz 1715–1760. Symbol eines liberalen Weltentwurfs (Studia Iconologica Bd. 4). Mittenwald 1982.

Chiswick House and Gardens. London 2001.

Clifford, Derek: Geschichte der Gartenkunst. München 1981.

Dörfler, Ernst Paul: Was Vögel futtern. Speisekarte und Tischsitten. Dößel 2010.

Downing, Sarah Jane: The English Pleasure Garden 1660–1860. Oxford 2013.

Forster, Edward Morgan: Zimmer mit Aussicht. Eine Liebesgeschichte. Aus dem Englischen von Werner Peterich. Frankfurt am Main 2014.

Gartenkunst-Museum Schloss Fantaisie. Museumsführer von Esther Janowitz. Bayerische Verwaltung der staatlichen Schlösser, Gärten und Seen. München 2000.

Grandville: Die beseelten Blumen. Mit Gedichten, ausgewählt von Marianne Beuchert und mit einem Nachwort von Karl Krolow. Frankfurt am Main 1981.

Goethe, Johann Wolfgang: West-östlicher Divan. Frankfurt am Main 1974.

Groißmeier, Michael: Leben mit Bäumen. Gedichte und

Gedanken. München 2014.
Jerome K. Jerome: Drei Männer im Boot – ganz zu schweigen vom Hund. Roman einer Themsefahrt. Aus dem Englischen von Arnd Kösling. München, Zürich 2002.
Kästner, Erich: Die 13 Monate. Zürich 1955.
Kolb, Annette: Die Schaukel. Berlin 1934.
Laws, Bill: Zwiebel, Safran, Fingerhut. 50 Pflanzen, die unsere Welt verändert haben. Hildesheim 2012.
Montaigne, Michel de: Essais. Auswahl und Übersetzung von Herbert Lüthy. Zürich 1953.
Mutschelknaus, Katja: Kaffeeklatsch. Die Stunde der Frauen. Berlin 2014.
Naydler, Jeremy: Der Garten als spiritueller Ort. Eine kleine Kulturgeschichte. Aus dem Englischen von Brigitte Elbe. Stuttgart 2013.
Sager, Peter: Englische Gartenlust. Von Cornwall bis Kew Gardens. Berlin 2012.
Schlie, Tania: Frauen im Garten. Mit einem Vorwort von Eva Demski. München/Wien 2011.
Schmid, Wilhelm: Mit sich selbst befreundet sein. Von der Lebenskunst im Umgang mit sich selbst. Frankfurt am Main 2007.
Schrader, Wolfgang H.: Ethik und Anthropologie in der Englischen Aufklärung (Studien zum Achtzehnten Jahrhundert Bd. 6). Hamburg 1984.
Shaftesbury, Anthony Ashley-Cooper, Earl of: Freundschaft und Menschenliebe. In: Philosophie der Freundschaft, hrsg. v. Klaus-Dieter Eichler. Leipzig 1999.
Tausend und eine Nacht. Arabische Erzählungen. Aus dem Urtext vollständig und treu übersetzt von Dr. Gustav Weil. Neudruck der Originalausgabe von 1865. Wiesbaden 1978.
Vickery, Amanda: Behind Closed Doors. At Home in Georgian England. New Haven, London 2009.
von Trotha, Hans: Der Englische Garten. Eine Reise durch seine Geschichte. Berlin 1999.
Wabner, Dietrich / *Beier*, Christine (Hrsg.): Aromatherapie. Grundlagen, Wirkprinzipien, Praxis. München 2009.

Dank

Von Herzen Dank meiner Familie und den Freunden, die das Entstehen dieses Buches begleitet haben – als Gäste im Garten und bei Tisch sowie als unterhaltsame, inspirierende Gesprächspartner. Stefan, Markus, Susa, Sylvia, Sonja, Angelo Mair, Barbara und Petra: Danke dafür! Dank auch an Dich Felix – es war ein Vergnügen, Dich bei mir zu haben. Bärbel, Barbara, Karl und Brigitte: Danke für Eure Rezept-Inspirationen. Elke: Ohne Dich wäre das Buch nicht machbar gewesen; Dir gilt mein ganz besonderer Dank. Ebenso meiner Mutter. Und Johannes Thiele – für die Anregung und charmanten Gestaltungsideen des Buches, die Sabine Dunst mit viel Gespür umsetzte.

Bildnachweis

DIE GEMÄLDE UND IHRE KÜNSTLER: 2 (Lawton S. Parker: *Tee im Grünen*), 8 (Jules Cayron: *Die Teegesellschaft*), 9 (Pieter Andreas Rijsbrack: *Blick auf Chiswick House Gardens*), 12 (Émile Troyon-Constant: *Promenade*), 14 (Charls Edward Perugini: *Sommerregen*), 15 (Charles Sillem Lidderdale: *An der Gartentür*), 20 (Ernest Bieler: *Die zwei Weißen*), 48 (Thomas Cole: *Das Picknick*), 50 (Édouard Manet: *Das Frühstück im Freien*, Detail), 68 (Frederic Leighton: *Der Garten der Hesperiden*), 84 (Frans Francken: *Arakdien, Das Goldene Zeitalter*), 85 (Harry Mitten Wilseon: *Ein Nachmittagsschläfchen*), 88 (Frederick Carl Frieseke: *Venus im Sonnenlicht*), 90 (John Singer Sargent: *Madame Roger-Jourdain*), 96 (George Lawrence Bulleid: *Ein Rosenbouquet*), 97 (Camille Corot: *Silenus*), 110 (William Kay Blacklock: *Blumen sammeln*), 113 (John William Waterhouse: *Die Orangenpflückerinnen*), 133 (John William Godward: *Süßes Nichtstun*), 152 (George Watts: *Ellen Terry*), 154 (Edwin Austin Abbey: *Potpourri*), 162 (Herbert James Draper: *Pot Pourri*), 172 (Arthur Hacker: *Unschuld*), 186 (Winslow Homer: *Mädchen auf einer Schaukel*), 188 (Jean-Honoré Fragonard: *Die Schaukel*), 194 (Arthur Hughes: *Mittsommernacht*), 211, Caspar David Friedrich: *Der Sommer*, Detail).
FLORA PRESS: 16 (Nicola Stocken Tomkins), 18 (EWS Stock Photo Library), 24 (Christine Ann Föll), 31 (Christine Ann Föll), 33 (Uzwei Fotodesign), 34/35 (Caroline Bureck), 36 (Daniela Behr), 38 oben (Georgie Steeds), 38 unten (EWA Stock Library), 41 (Derek St. Romaine), 49 (Emotive Images), 51 (Emotive Images), 53 (Emotive Images), 54/55 (A.F.Endress), 56, 57, 58 (Orédia), 59 (Cornelia Weber), 63 (Ina Schönrock), 69 (gartenfoto.at), 70 (Gilles Le Scanff & Joelle Caroline Mayer), 74 (Philippe Giraud), 75 (Sibyll Mayer-Kuderer), 81 (gartenfoto.at), 86 (EWA Stock Library), 91, 92/93 (Uzwei Fotodesign), 101 (Focus On Garden/Becker), 103 (Michelle Garrett), 104/105 (Barbara Schneider), 109 (Orédia), 111 (The Garden Collection/FLPA), 112 (The Garden Collection), 115 (Robert Mabic), 117 (Mint Images), 118 (Christine Ann Föll), 119 (A.F.Endress), 124 (Otmar Diez), 127 (Otmar Diez), 134 (Martina Schindler), 135 (Lilianna Sokolowska), 137 (Gilles Le Scanff & Joelle Caroline Mayer), 138 (Orédia), 139 (Orédia), 141, 143 (Liz Eddison), 144 (Michelle Garrett), 145, 147 (Visions), 156 (Emotive Images), 158 (Practical Pictures), 161 (Birgit Pollack), 164 (Sally Tagg), 166 (Practical Pictures), 167 (Nicola Stocken Tomkins), 169 (MAP), 175 (Liz Eddison), 176 (Emotive Images), 178 (Nelga Noack), 179 (Alexandre Petzold), 180 (H.Curtis), 185 (Sonja Bannick), 190 (Liz Eddison), 191 (Emotive Images), 193 (Bildagentur Beck), 197 (Nova Photo Graphik), 200 (GWI), 202 (Martin Hughes-Jones), 203 (Practical Pictures), 205 (Christine Ann Föll), 206 (Andrea Haase), 207 (Michelle Garrett), 208 (Gary Rogers), 209 (Hubert & Klein), 210 (Otmar Diez), 213 (Biosphoto), 214 (Hervé Lenain), 216 (Gaby Jacob), 218 (MAP), 223 (Fauna Press), 224 (Helga Noack), 225, 226/227 (Ute Klaphake).
BRIDGEMAN ART LIBRARY: 12, 85, 113. ARCHIV FÜR KUNST UND GESCHICHTE (AKG): 195. RENAISSANCE BOOKS: 2, 8, 9, 10, 14, 15, 20, 28, 37, 48, 50, 68, 71, 82, 84, 88, 90, 96, 97, 98, 110, 133, 152, 154, 162, 172, 186, 188, 189, 194, 211. STOCKFOOD: 26 (USC), 62 (PSE), 65 (SJM), 107 (TAU), 125 (PEA), 130 (ALP). THINKSTOCK: 46 (picalotta), 66 (Nachteule), 108 (Szakaly), 122 (kjekol), 149 (Tuned_in). SHUTTERSTOCK: 42 (NADKI). FOTOLIA: 79 (Doris Heinrichs). 123RF: 94 (Darren Fisher). MAURITIUS: 22 (SuperStock). SARAH JARRETT: 32. DEVIANTART: 19 (holunder), 20 (supercow), 87 (nevletlenulu), 165 (jimmykjm), 174 (realpsyco), 177 (UKTara), 181 (angellkyst), 183 (ninjaturtletime), 196 (lintu_chan), 212 (commandereve), 217 (gwynnwolfpaw), 220 (xsanaanx).

Die Ratschläge in diesem Buch sind von Autorin und Verlag sorgfältig erwogen und geprüft, dennoch kann eine Garantie nicht übernommen werden. Eine Haftung der Autorin beziehungsweise des Verlags und seiner Beauftragten für Personen-, Sach- und Vermögensschäden ist ausgeschlossen.

ISBN 978-3-85179-320-8

Alle Rechte vorbehalten
© 2014 by Katja Mutschelknaus
Deutsche Erstausgabe © 2015 by Thiele & Brandstätter Verlag GmbH
Dieses Werk wurde vermittelt durch die
Michael Meller Literary Agency GmbH, München.
Redaktion: Johannes Thiele
Gesamtgestaltung: Guter Punkt, München
Umschlagbild: Uzwei Fotodesign/Flora Press
Druck und Bindung: O.G.M. SpA, Padua

WWW.THIELE-VERLAG.COM